·HUANGHE TIANSHAN GONG MINGYUE·

黄河天山共明月

《黄河天山共明月》编写组 编写

融媒体版

海燕出版社
·郑州·

图书在版编目（CIP）数据

黄河天山共明月：融媒体版 /《黄河天山共明月》编写组编写. — 郑州：海燕出版社，2023.3
ISBN 978-7-5350-8915-1

Ⅰ.①黄… Ⅱ.①黄… Ⅲ.①文化史-河南②文化史-新疆 Ⅳ.①K296.1②K294.5

中国版本图书馆CIP数据核字（2022）第128886号

出 版 人：董中山	责任校对：李培勇　王　达
选题策划：李喜婷　董中山	责任印制：邢宏洲
责任编辑：车　飞　陈艳艳　方　丽	整体设计：刘　春
美术编辑：彭宏宇　郭佳睿	音频录制：陶　真　陈晓宇

出版发行：海燕出版社
　　　　　地址：郑州市郑东新区祥盛街27号　邮编：450016
　　　　　网址：www.haiyan.com
　　　　　发行部：0371-65734522　总编室：0371-63932972
经　　销：全国新华书店
印　　刷：河南瑞之光印刷股份有限公司
开　　本：787毫米×1092毫米　1/16
印　　张：12
字　　数：240千
版　　次：2023年3月第1版
印　　次：2023年3月第1次印刷
定　　价：38.00元

如发现印装质量问题，影响阅读，请与我社发行部联系调换。

编 委 会

主　编：韩国河　郑州大学副校长

副主编：李文瑛　新疆维吾尔自治区文物考古研究所所长

　　　　于志勇　新疆维吾尔自治区博物馆馆长

　　　　简　单　新疆哈密市作家协会原主席

秘　书：陈　康　郑州大学历史学院考古系讲师

编　委：（以姓氏笔画为序）

　　　　于茂世　于建军　马　剑　王　涛　王淑卫
　　　　巴音其其格　叶　灵　白　旭　吕　刚　朱　虹
　　　　朱锦慧　许小立　苏　月　吴　珺　何　芳
　　　　张　巳　张大明　阿迪力·阿布力孜　郑惠婷
　　　　赵克红　侯知军　索　琼　爱特肯·乌斯满
　　　　姬翔宇　管仕红　魏红花

编委会

韩国河 主编

郑州大学副校长，郑州大学历史文化遗产保护研究中心主任，二级教授，博士生导师。

李文瑛 副主编

新疆维吾尔自治区文物考古研究所所长，研究馆员。曾先后参加或主持尉犁营盘墓地、若羌小河墓地等遗存的发掘。

于志勇 副主编

新疆维吾尔自治区文博院副院长，新疆维吾尔自治区博物馆馆长，文博研究馆员。主要从事汉唐西域考古、博物馆社会教育工作。

简　单 副主编

文化学者，专栏作家，新疆作家协会理事，哈密市作家协会原主席。

前　言

我国是统一的多民族国家，新疆位于中国西北，自古以来就是我国不可分割的一部分，新疆各民族是中华民族血脉相连的大家庭成员。河南地处中原，是中华文明的重要发祥地，河南长时期是古代中国的政治核心，中原文化是中华民族的根文化。无论是历史还是现当代，无论是考古发现还是文字记载，都反映出河南和新疆在政治、经济、文化等方面交流十分频繁，关系非常密切，充分体现出两地一家亲。

党的十八大以来，习近平总书记曾强调，深化民族团结进步教育，铸牢中华民族共同体意识，加强各民族交往交流交融，促进各民族像石榴籽一样紧紧抱在一起；"中华文明是新疆各民族文化的根脉所在。要教育引导广大干部群众正确认识新疆历史特别是民族发展史，树牢中华民族历史观，铸牢中国心、中华魂，特别是要深入推进青少年'筑基'工程，构筑中华民族共有精神家园"；要以增强认同为目标，深入开展文化润疆。

为深入贯彻习近平总书记的重要指示精神，把民族团结落实到日常学习生活工作中，落实到学校教育、家庭教育、社会教育各环节各方面，在河南省对口支援新疆工作前方指挥部支持下，中共河南省委教育工委、河南省教育厅、海燕出版社组织专家编写"中华民族共同体意识"教育读物，推动援疆工作润情、润心、润精神，见物、见人、见认同。

本书的读者群主要是新疆和河南及全国其他地区各族青少年。在图书的编写中，本书以习近平总书记关于民族团结、铸牢中华民族共同体意识的系列论述为指导思想，以培育和弘扬社会主义核心价值观，宣传中华优秀传统文化、红色革命文化和社会主义先进文化，增强各族青少年对伟大祖国、中华民族、中华文化、中国共产党和中国特色社会主义的认同为主旨，通过河南和新疆两个文化教育视窗，致力于加强中华民族大团结，建设各民族共有精神家园，铸牢中华民族共同体意识。

"白日地中出，黄河天外来。"黄河是中华民族的母亲河，河南是黄河流经的重要省份，河南之名即得名于黄河之南。天山是新疆境内最重要的山脉，人们常以天山将新疆分南北两部分。黄河和天山可分别作为河南和新疆的人文和地理标志。李白诗云"明月出天山"，展现了明月初升的美景。本书以"黄河天山共明月"为题，意在表达豫新两地虽相隔千里，依然心手相牵，天涯共明月。

我们牢牢把握育人导向，坚持为党育人、为国育才的宗旨，从"五个认同"出发，阐释民族团结的历史文化基础。同时，坚持文化润疆的理念，用数千年新疆文化与中原文化相互交融为主线。本书分七个部分，分别为"诗歌的怀想""文物的见证""历史的记忆""生物的播迁""非遗的传承""英雄的丰碑""富强的征程"，通过诗歌故事、文物故事、历史故事、动植物故事、非遗故事、红色故事、援疆故事等多个方面50篇文章，让青少年在潜移默化中树立正确的国家观、历史观、民族观、文化观，感受民族团结一家亲。

本书是集体劳动的成果，作者来自河南和新疆两地的考古文博学者、作家、中小学教师。我们广征博引，图文并茂，配有音频，力求使文章兼具科学性、生动性、可读性，向青少年奉献一部文质兼美的图书。

衷心感谢对本书给予支持和帮助的河南省对口支援新疆工作前方指挥部、中共河南省委教育工委、河南省教育厅及其他所有专家，敬请各位读者提出宝贵意见。

目录

引 言

第一章　诗歌的怀想

桃之夭夭，灼灼其华
——吐鲁番出土的《诗经》……006
汉家公主和亲来……009
洛阳家家学胡乐……012
伊州乐悠扬千百载……015
《观兵》一曲看千古同风……018

第二章　文物的见证

先秦时期中原与西域物质文化交流……022
汉归义羌长印知多少……025
"五星出东方利中国"织锦护臂……027
伊江东海久相萦：穿越千年的楼兰魅力……031
镜里镜外照古今……035
新疆古代钱币的故事……038
斗拱瓦当现新疆……041
消逝的西域"小长安"：高昌故城……044
《伏羲女娲图》的奥秘……048
出门饺子还家面
——饺子和面条的故事……051
萌娃嬉嬉　文物藏趣
——新疆出土文物中的儿童形象……054

第三章　历史的记忆

一朝张骞千古博望……060
西域都护班定远……063
西域学子上太学
——记辟雍碑……067
千里交互：西域维护祖国统一……070
捍卫祖国统一的隋唐西域名将张雄……073
北庭副都护——和守阳……076
风雪雄关大河城……080
黄沙烽燧卫西疆……083
西行求法的中原僧人……087
大将筹边嵩武军……090

坎儿井：流淌千年的地下运河 ……………………… 093

第四章　生物的播迁

　　新疆文物话"春牛" …………………………………… 098
　　天山骏马跃中国 ……………………………………… 101
　　天山的雪莲哈密的瓜 ………………………………… 105
　　穿行在丝路上的大枣情 ……………………………… 108
　　洛阳牡丹绽放新疆 …………………………………… 111

第五章　非遗的传承

　　新疆二十四节气 ……………………………………… 116
　　中医也度玉门关 ……………………………………… 120
　　新疆古代各民族服饰 ………………………………… 123
　　"三国热"在新疆
　　——《三国志·吴书·孙权传》残卷中的书法 ……… 126
　　奶茶结缘源远流长 …………………………………… 129
　　从朝阳沟到大漠胡杨
　　——豫剧唱响新丝路 ………………………………… 133

第六章　英雄的丰碑

　　"新疆号"战鹰飞往抗日前线 ………………………… 138
　　青山依旧在 …………………………………………… 141
　　天山丰碑英雄路 ……………………………………… 145
　　红色兵团耀天山 ……………………………………… 148
　　"克一号井"
　　——为中国梦加油 …………………………………… 152
　　焦裕禄的好学生：阿布列林 ………………………… 155

第七章　富强的征程

　　产业夯实富强路 ……………………………………… 160
　　科技之花遍地开 ……………………………………… 163
　　"组团式"援疆育英才 ………………………………… 166
　　新疆人的普通话 ……………………………………… 170
　　西气东输，富了新疆，绿了东方 …………………… 173
　　健康中国　携手同行
　　——河南省医疗援疆纪事 …………………………… 176

引 言

地处欧亚大陆腹地的新疆，以 166.49 万平方公里的广阔土地，成为中国陆地面积最大的省级行政区。在这片富饶的土地上，多个民族共同生活在一起，在辽阔的山水中创造了多彩的历史画卷。习近平总书记在全国民族团结进步表彰大会上指出，"一部中国史，就是一部各民族交融汇聚成多元一体中华民族的历史，就是各民族共同缔造、发展、巩固统一的伟大祖国的历史"。

本书以现实勾连历史，从诗歌、文物、历史、生物迁徙、非物质文化遗产、红色历史、河南援疆成果等七个维度，通过一个个精彩的故事讲述了在中国历史、中华文明格局下数千年来中原地区与新疆地区经济、文化等方方面面的相融相知，探寻两地文化的同根同源及相互依存与发展的关系，为铸牢中华民族共同体意识夯实历史与现实的根基。

全书有七章。第一章是"诗歌的怀想"，"不学诗，无以言"。诗歌是一个时代社会生活和精神世界的表达，本章故事涵盖了汉唐时期中原地区与新疆地区诗歌文化的交流。儒家文化是中华传统文化的主流，其中经学又是儒学的核心，吐鲁番出土的《诗经》等主要展现了中原礼乐文化对西域的影响。汉唐时期伊州乐、于阗乐、龟兹乐、高昌乐、胡旋舞等西域乐舞深入宫廷，长安城与洛阳城开始流行西域风，"洛阳家家学胡乐"，伊州乐即是西域音乐对中原地区产生重要影响的代表。而边塞诗则是两地区文化融合的产物，蕴含了诗人浓厚的家国情怀，是各族人民民族文化精神的表达和对中华文化共同性认同的体现。

第二章是"文物的见证"，"声明以发之"。文物是人类在社会活动中遗留下来的具有历史、艺术、科学价值的遗物和遗迹，是人类宝贵的历史文化遗产。文物能帮助人们复原古代社会历史的本来面貌，从不同角度反映当时社会的政治、经济、军事、文化状况。本章故事主体按性质来分，大体可分为遗址与出土文物两大类，其内容既有反映历代中原王朝对新疆地区政治管理的遗存，也有展现古代两地区文化交流和社会生活的文物，均实证了中原地区与新疆地区数千年的交往史绵延不断。

第三章是"历史的记忆"，"江山留胜迹"。河南作为中华文明的源头之一，历史上先后有多个王朝在此建都，而新疆的历史也可以追溯到数千年前的史前时期。中原地区和新疆地区有着悠久的交往历史，早在先秦时期，两地已开始有文化联系。到了汉代，随着博望侯张骞"凿空西域"打通丝绸之路，其后班超"投笔从戎"多次出使西域，使得丝绸之路上形成了"使者相望于道，商旅不绝于途"的繁荣景象。唐王朝建立后，设安西都护府和北庭都护府以管理西域，其中著名的鲜卑族将领和守阳就是北庭都护府副都护，其任内保境安民，维护祖国统一。唐代在西域还设置大量烽燧，用以迅速传递边境军情，实现拱卫西疆的目的。另外，唐时期"参天可汗大道"直通中原，沿途驿站星罗棋布，成为连接中原地区与边疆地区的纽带。在此背景下，两地区人员交流十分频繁，玄奘法师受朱士行影响西行求法，促进了东西方文化交流。清代设伊犁将军，继续加强对新疆的管辖。近代以来，随着帝国主义侵略者入侵中国，新疆也不断遭到帝国主义蚕食。在中华民族面临生死存亡之际，新疆各族人民同全国人民一道，奋起反抗，捍卫了祖国统一，共同谱写了可歌可泣的爱国主义篇章。平定新疆中左宗棠指挥的张曜所部嵩武军，就是其中的一个缩影。历史是一面镜子，见人见事见精神。新疆地区与中原地区的交往历程中发生了许多动人的历史故事，这些重要历史人物和事件，无不深刻印证着新疆自古以来就是中国领土不可分割的一部分，新疆各民族是中华民族大家庭的重要组成部分。

第四章是"生物的播迁","一树春风千万枝"。自汉代张骞"凿空西域"后，中原地区与新疆地区的物种及商品交流就络绎不绝。通过丝绸之路，中原的丝绸、瓷器、茶叶、牛耕等进入新疆乃至中亚、西亚、北非等地，极大地改变了当地人民的生产和生活方式。西域的葡萄、核桃、石榴、甜瓜、骏马等也传到中原，丰富了中原地区人民的经济、生活。现代中原地区与新疆地区物种的相互播迁仍在延续，洛阳牡丹在哈密绽放，新疆大枣和河南"好想你"枣业强强联合，谱写了新时期两地区物种交流的新篇章。

第五章是"非遗的传承","如听万壑松"。非物质文化遗产指各族人民世代相传并视为其文化遗产组成部分的各种传统文化表现形式，以及与传统文化表现形式相关的实物和场所。非物质文化遗产具有十分重要的历史价值、文化价值、精神价值、科学价值、和谐价值、审美价值、教育价值和经济价值，具有独特性、活态性、传承性、流变性、民族性、地域性和综合性等特点。本章故事包含中医药、服饰、书法、豫剧等非物质文化遗产，既代表豫新两地区文化特色，又反映了两地区的文化交流。通过这些非物质文化遗产的介绍，广大青少年能了解到两地区的文化智慧结晶，理解其深厚的精神内涵，认识到中华文明的源远流长与博大精深，进一步夯实思想认同基础，产生强烈的爱国情怀。

第六章是"英雄的丰碑","文采风流今尚存"。本章故事无一不体现了各族人民伟大的爱国情怀和无私的奉献精神。可以说，近代以来新疆的命运和祖国的命运依然休戚相关，在中华民族孜孜探求独立、解放道路，以及社会主义现代化建设中，祖国各族人民为新疆的解放和发展作出了重大贡献。

第七章是"富强的征程","六合同心归华夏"。中华人民共和国成立以来，新疆各民族关系进入平等、团结、互助、和谐的新时期。进入21世纪，在党的领导下，

"西部大开发"战略实施，西气东输等重大工程将新疆丰富的资源与各地相连，促进我国经济社会可持续发展。党的十八大以来，以习近平总书记为核心的党中央对新疆工作作出全面部署，形成了新时代党的治疆方略。河南等省市大力开展对口支援新疆工作，在科技、产业、教育、医疗等多个领域均有重要举措，两地区联系更加紧密和频繁，共同迈向复兴之路，奏响了时代的最强音。

　　文章的作者在创作过程中以小切口来写历史大事件，不着重细枝末节的描绘，而是以今溯古、以古通今，在宏大的历史背景下从一件文物、一个遗存、一个事件叙写中原地区与新疆地区的历史文化交流。我们希望通过此书的出版，进一步加强青少年民族团结教育，引导各族青少年牢固树立正确的国家观、历史观、民族观、文化观，使中华民族共同体意识根植青少年心灵深处，激励青少年努力成为实现中华民族伟大复兴的先锋力量。

第一章 诗歌的怀想

桃之夭夭，灼灼其华

——吐鲁番出土的《诗经》

阿迪力·阿布力孜

《诗经》是我国最早的一部诗歌总集，曾荣获"世界最美的书"称号，对后世的文学产生了深远的影响。中华国学经典《诗经》在新疆古文献中出现，这还得从吐鲁番出土文书说起。

吐鲁番出土文书是研究新疆历史乃至中国历史的重要资料。随着吐鲁番出土文书整理、研究工作的不断深入，一些珍贵的鲜为人知的吐鲁番文献也走出象牙之塔，展示在人们面前，如吐鲁番古墓出土的一批古写本《诗经》。虽然古写本《诗经》的保存状况不是很好，但从这些残存的诗句中可以深切地感受到晋唐时期博大精深的中原文化对新疆的影响。

20世纪初至中华人民共和国成立前，中国国力虚弱、内忧外患，新疆文物没有得到有效保护，一些日本人、德国人盗走了大量价值连城的珍贵文物，其中就包括《诗经》在内的吐鲁番出土文书。1902年至1914年，日本僧人大谷光瑞带领人员深入中国西北地区进行非法盗掘活动，仅在吐鲁番窃取的文物就有70箱之多，并将这些文物全部运到日本。文物中有关《诗经》的纸质文书共5片，"桃之夭夭""薄伐猃狁"等《诗经》上的文字赫然在列。这些文字与中原流传的《诗经》文本别无二致。

中华人民共和国成立后，党和政府非常重视文物保护工作，还颁发了《中华人民共和国文物保护法》，全国的文物得到了有效的保护。与此同时，新疆的文物考古取得了丰硕的成果，包括《诗经》在内的文书在吐鲁番被大量发现，为我们研究新疆乃至中国的历史文化,提供了珍贵资料。

1959年到2006年,新疆文物考古工作者在吐鲁番发掘出土了3000多件汉文文书。2006年10月,吐鲁番文物局对鄯善县洋海1号墓地进行了抢救性发掘,出土的纸质文书十分丰富,如《论语》《诗经》及户籍类文书等,反映了前秦时期吐鲁番高昌经济、文化发展的繁荣情况。其中古写本《诗经·大雅·桑柔》,是劝谏君王要安民保民的长诗,相传是周大夫芮良夫为谴责周厉王滥用奸臣、祸害百姓,并陈述救国之道而作。

洋海墓地出土的《诗经》现收藏于吐鲁番博物馆,文书中有"大风有隧,有空大谷。维此良人,作为式谷。维彼不顺,征以中垢。大风有隧,贪人败类。听言则对,诵言如醉。匪用其良,复俾我悖"等诗句。这些文字虽然残缺不全,但以墨书写清晰可见。1600多年来能够保存至今,实属不易。考证这些文字,大致意思是:"大风疾吹呼呼响,长长山谷真空旷。想这好人多善良,所作所为都高尚。想那坏人不顺理,行为污秽真肮脏。大风疾吹呼呼响,贪利败类有一帮。好听的话就回答,

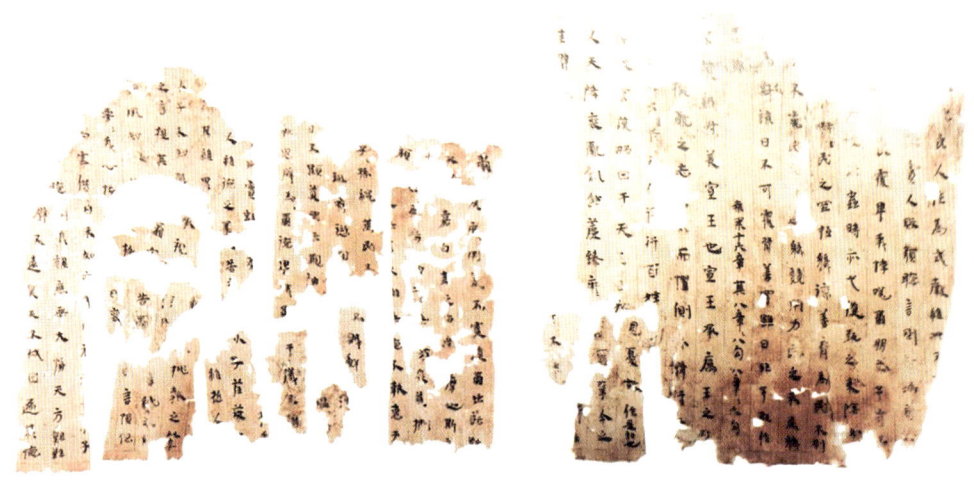

洋海墓地出土的《诗经》残页

听到诤言装醉样。贤良之士不肯用，反而视我为悖狂。"千百年前《诗经》中这些脍炙人口的诗句，流传到地处边远的新疆各地，中原地区治国理政的思想也随之传入新疆，反映了中原地区政治、经济、文化等对新疆的影响。

吐鲁番出土的有关《诗经》的文书，年代大致是东晋至唐朝时期。考古人员还在新疆各地的墓葬遗址中，发现了《论语》《孝经》《急就章》《三国志》《兰亭序》《西厢记》等魏晋至元代的文书。虽然这些纸质文书都不够完整，但我们还是能从中感受到中原文化的辐射力，位于祖国边陲的新疆也能欣赏到中华优秀传统文化作品的艺术精髓。

《诗经》之所以能够远播到新疆各地，除其艺术魅力外，作品中关于治国理政、忧国忧民的爱国情怀，也深深触动了人们的心灵，为当地居民所传诵。

"根本既深实，柯叶自滋繁"，根基牢固，才会枝繁叶茂；"民族魂光华夏亮，血肉长城硬如刚"，中华文明，筑就精神家园。《诗经》纸质文书的出土就是中华传统文化根和魂的历史写照。

桃之夭夭，灼灼其华

作者简介

阿迪力·阿布力孜，新疆维吾尔自治区博物馆文博研究馆员。

汉家公主和亲来

简单

偶读《乌孙公主歌》,方知是汉朝女子刘细君所作。诗中云:"吾家嫁我兮天一方,远托异国兮乌孙王。穹庐为室兮旃为墙,以肉为食兮酪为浆。居常土思兮心内伤,愿为黄鹄兮归故乡。"读罢,便觉有乡愁自诗行间溢出,不禁将思绪带到了那遥远的大汉王朝,仿佛看到了细君与解忧二位身处乌孙的大汉公主抚琴望乡的场景。

据考证,乌孙位于今新疆伊犁河流域。细君与解忧这两位远赴乌孙和亲的女子,不仅将自己的名字载入了史册,而且将自己的命运与汉王朝紧密联系在了一起。

细君公主是江都王刘建之女,其父因谋反论罪。公元前105年,一纸诏书改变了她一生的命运,汉武帝要她远嫁地处西域的乌孙。为避免持久的战火波及百姓,细君公主毅然走出了长安城,开始了她的漫漫和亲之路。

细君公主塑像

关于细君公主,有一个小故事至今还在伊犁民间流传。据说和亲前,来长安迎嫁的乌孙大臣看到细君公主的陪嫁丝帛时说:"纵有再多丝帛,也有用尽之时,不如将蚕种带到乌孙,将来在西域种桑养蚕,不就有用不尽的丝帛了吗?"细君公主听后犯了难,两地贸易中虽然有丝帛交易,但养蚕制丝的技术却是保密的。聪慧的细君还是冒险将蚕种带到了乌孙。后来西域各地逐渐掌握了养蚕制丝的技术，丝绸服饰作为寻常之物也进入了普通百姓的家中。

这条路张骞走过，待细君公主走来时，丝绸之路的雏形已慢慢形成，沿途西域百姓不仅见识了西汉陪嫁仪仗的浩荡，还看到了很多从未见过的精致器物和内地礼仪。细君公主脚下"去长安八千九百里"的路程，其实就是汉文化西传的一个过程。

细君公主是丝绸之路上第一个远嫁西域的公主，虽然她只在乌孙生活了5年，但她的和亲既带来了汉朝边疆和乌孙数十年的安宁祥和，又向乌孙人民传播了中原文化。

细君公主病逝后，公元前101年，解忧公主沿着细君公主走过的路也来到了乌孙。刘解忧是汉高帝之弟楚元王刘交的后裔，她的身世与刘细君十分相似，同为宗室之女，又同为汉朝派往乌孙的和亲公主。

解忧公主远嫁乌孙，在西域的发展历史上留下了浓墨重彩的一笔。她带来了中原的农耕技术，教会当地百姓如何给土地施肥、追肥，改良土壤等。她还把先进的冶铁技术传入乌孙，使乌孙在农具上有了一个质的飞跃。

汉文化在西域的传播是顺理成章的，随后西汉与西域的交流更为紧密。西域的胡麻、胡豆、胡瓜、胡萝卜和胡葱传入中原地区，品种优良的西域骆驼和骏马也开始在中原繁育后代。同时，中原的铸铁、凿井、开渠等技术和丝织品、铁器、茶叶等源源不断地进入西域。

解忧公主在这片异域的土地上生活了50年，经历了太多的艰难险阻，古稀之年时愈发思念自己的家乡。她上书汉宣帝："年老土思，愿得归骸骨，葬汉地。"汉宣帝最终满足了她的愿望，并以公主的标准礼仪迎接她回到了长安。两年后，解忧公主驾鹤西去，结束了她颠沛传奇的一生。

汉家公主和亲乌孙影响深远。和亲使汉朝与西域的政治、文化交流日趋紧密，民族关系在很长一段时间内得到改善，各民族间和谐团结，百姓得以安居乐业和休养生息，而西域的农耕生产也获得了突破性的发展。同时，贸易与文化的交流又促进了丝绸之路的发展，带动了丝绸之路沿途各地的经济繁荣。

解忧公主塑像

今天，在新疆伊宁市，可以看到一座有着浓郁汉代建筑风格的汉家公主纪念馆。走进纪念馆，就可以重温汉家公主细君与解忧的和亲故事。细君公主与解忧公主为民族团结和国家安宁作出了巨大贡献，成就了中国历史上的一段千古佳话。

汉家公主和亲来

作者简介

简单，原名李炜，文化学者，专栏作家，新疆作家协会理事，哈密市作家协会原主席。

洛阳家家学胡乐

于茂世

龙门石窟卢舍那大佛雕凿于盛唐之际，2000年被列为世界文化遗产。

回望历史，卢舍那大佛传说是大唐天后武则天的圆满报身；追问究竟，卢舍那大佛开凿于唐高宗咸亨三年（672年），这是唐高宗李治为已故父皇唐太宗李世民所造的功德像。

龙门石窟卢舍那大佛

为佛开山造像，唤醒山石，佛就不能依旧是高挂一脸秋霜的冰冷山石。

金装彩绘，起塔盖楼，雕梁画栋……这些，曾经都是龙门石窟的"标配"——不像现在，除了石佛石像，就是石洞石窟，都是谁都不敢再去赋彩贴金的"石头"。

那时，龙门石窟是个五彩缤纷的"花花世界"，看上去很世俗，甚至很艳俗。

佛不远人，人更在与佛互动，无时无刻不讨佛的欢喜与欢心。

"人活一口气，佛争一炷香。"——除却一炷香、一束花，礼佛自然也离不开乐舞：在龙门冰凉的石窟里，窟中不只有佛与菩萨，还有飞天、歌舞与乐器。

龙门有2000多座窟龛，于此已经辨识出18种214件乐器：其中筝、阮、笙、横笛、竖笛、磬、排箫、拍板等8种乐器，来自中原；其余10种乐器，即四弦琵琶、五弦琵琶、箜篌、筚篥（bì lì）、贝、铜钹、细腰鼓、粗腰鼓、杖鼓、鸡娄鼓等，诞生在西域，也就是我们所说的"胡乐"。

胡乐，不可能只是礼佛。

丝绸之路上，胡商、胡伎以驼为舟，一路欢歌的乐舞造像，在唐三彩中不时被塑造着——他们，也是僧侣之外将胡乐带到中原的一种商业力量。

胡乐走中原，以至盛唐时代最负盛名的宫廷乐舞——秦王李世民《秦王破阵乐》、唐玄宗登洛阳三乡驿望女儿山所作《霓裳羽衣曲》，都兼用、吸收了大量胡乐的营养。《秦王破阵乐》糅进了西域龟兹的音调，婉转而高昂，而《霓裳羽衣曲》则是《婆罗门曲》的"大唐升级版"。对此，著名历史学家向达先生亦云，元代元曲中的般涉调要追溯到唐代的"大曲"，而唐代的"大曲"则是从西域龟兹传来的，深受胡乐之影响。

"谁家玉笛暗飞声，散入春风满洛城。"——横笛，是胡乐；二胡，是胡乐；京胡，就是到了今天中国京剧都离不开的京胡，还是胡乐。梅兰芳的《贵妃醉酒》不离不弃胡乐京胡，阿炳的《二泉映月》"倒映"着二胡胡乐的如怨如诉，万类青天鸣自由的《百鸟朝凤》则是一

唐三彩骆驼载乐俑

唐代陶骆驼载乐舞三彩俑

《合乐图》（五代）

曲不折不扣胡乐唢呐曲……

玉笛胡乐，在李白所在的盛唐洛阳的春日夜空飘荡；"洛阳家家学胡乐"，中唐诗人王建《凉州行》中状写的这一"胡汉交融"景象，上不欺李白、下不欺今人。

"胡人有妇解汉音，汉女亦解调胡琴"；"蕃人旧日不耕犁，相学如今种禾黍"。——"胡汉交融"，既发生在西陲凉州，也发生在中土河南。

"洛阳家家学胡乐"，实则为学西来之乐。西来之乐，唱响东土，补益于唐诗宋词元曲，乃至流淌在当下京剧、昆曲、豫剧的血液里，早已化在中国文化里，成为中华民族的文化基因。

西来之乐一脉相传，承古开新：在汉唐元，其在丝绸之路上鸣啭；在新时代，其在"一带一路"上引吭。

洛阳家家学胡乐

作者简介

于茂世，首届河南省十佳新闻工作者，大河报社首席记者。

伊州乐悠扬千百载

于建军

天宝年中事玉皇，曾将新曲教宁王。

钿蝉金雁今零落，一曲伊州泪万行。

唐朝诗人温庭筠一首《弹筝人》，既写出了弹筝人的技艺精妙，又从侧面反映出了伊州曲的哀伤。类似的作品在唐朝诗歌中还可以见到。

伊州乐因起源于伊州（今新疆哈密一带）而得名，为唐代著名乐舞。伊州乐既彰显了西域民族的音乐风格，又蕴含了中原汉族的音乐成分，在中国音乐艺术发展史上占据独树一帜的地位。

最早载明伊州乐的文献见于宋朝郭茂倩编撰的《乐府诗集》："《伊州》，商调曲，西京（凉之误写）节度盖嘉运所进也。"唐朝史籍中不曾见西凉节度使的设置，但根据这些历史文献可以推测出，盖嘉运可能是在担任碛西节度使时，接触到伊州乐，并着力关注。随之在开元二十八年（740年）入朝献礼时，他很有心地把伊州乐一同进献给喜欢乐舞的唐玄宗。从此，伊州乐正式进入了唐朝宫廷。

在此之前，中原民间是否出现过伊州乐，还是一个不明确的问题。

那么，伊州乐是否就是在今哈密一带起源发展演变而来的呢？宋元时代马端临在《文献通考》中记载"西凉节度盖嘉运所进《北庭伊州》，亦北歌之一也"，并且把高昌乐、龟兹乐、疏勒乐、康国乐等西域乐舞均列入"西戎之乐"。这说明伊州乐与这些常见的西域乐舞有着较大的差别，最初来源于北方。哈密自古以来便是丝绸之路上的重要城市和文化中心，其交通枢纽地位与此也是吻合的，而且在已有的考古发现中，源于北方的文化因素也有不少。

唐朝时北方音乐是什么样子呢？

《旧唐书》《新唐书》中分别记载了北狄乐的特点："北狄乐，皆为马上乐也。鼓吹本军旅之音，马上奏之"；"北狄乐皆马上之声，自汉后以为鼓吹，亦军中乐，马上奏之"。北狄乐原本是北方游牧族群的民族音乐，一般在马上演奏，因其高亢、雄壮的曲风，还经常被作为"军中乐"使用。归于"商调曲"的伊州乐正显示出这样的特点，可以说，北狄乐应该是伊州乐的一个重要源头。

传入中原的伊州乐被越来越多的文人墨客熟悉，并被推而广之，由此进入一个长足的发展阶段，成为唐朝燕乐大曲的主要作品之一——《伊州大曲》。燕乐大曲是一种大型歌舞音乐，场面宏大，综合了歌唱、器乐、舞蹈等多种音乐形式，集合了中原音乐与西域诸乐的精华。

伊州乐歌词还出现在《乐府诗集》中，包括"歌第一"至"第五"，"入破第一"至"第五"。每篇歌词都是五言或七言绝句，如"歌第一"，就是唐朝著名诗人王维所作的《伊州歌》。

  秋风明月独离居，荡子从戎十载馀。

  征人去日殷勤嘱，归雁来时数寄书。

唐玄宗还专门组织音乐家，将中原的"道调、法曲"与包括伊州乐在内的"胡部新声"合奏，既丰富了中原乐舞的表现形式，又扩展了伊州乐的内涵，有力地推动了唐代乐舞音乐的发展。1900年，在敦煌莫高窟藏经洞中发现的25首唐代乐谱中，《伊州》和《又慢曲子伊州》就属于改良后的伊州乐。宋朝洪迈在他的《容斋随笔》中对此有这样的总结，"今乐府所传大曲，皆出于唐……凡此诸曲，唯伊、凉最著，唐诗词称之极多"。

从一些诗文及其他有关记述来看，演奏伊州乐的乐器中，至少有筝，可能有埙、笛或者箫，应该还有一些弹拨乐器。

后世有文人认为，王维的《送元二使安西》(渭城朝雨浥轻尘，客舍青青柳色新。劝君更尽一杯酒，西出阳关无故人)，也是典型的伊州乐歌词，由此衍生出《阳关曲》《渭城曲》及以后的《阳关三叠》等。再到后来的《伊州令》《伊州遍》《伊州曲》《伊州歌》《伊州三台》《伊州三台令》等词牌，在宋元杂剧中也被广泛使用。

或许，伊州乐主要源于北方，在隋唐时期的伊州一带流行。乐曲结合周边曲调，不断改编完善，直至成熟，又被盖嘉运推荐给精通音乐的唐玄宗，这才有集思广益背景下的质变。在今天的哈密木卡姆，以及陇西、丝路古道上流传的民间歌曲中，还或多或少有伊州乐的踪迹，只不过表现的形式有了更加丰富、更加曲折的改变。

2017年9月，河南博物院华夏古乐团、哈密非物质文化遗产保护中心和哈密歌舞团同台献艺的"丝路回响——中原与西域古乐交流展演"在哈密精彩亮相。展演由"序曲""华夏正声""伊州怀古""天山古韵""丝路回响""终曲：丝路欢歌"6个乐章构成，通过对先秦中原编钟乐、伊州古乐、哈密木卡姆，以及丝绸之路乐舞图像的复原和重构，连接了现代与古代的历史时空，并以音乐为媒，让中原与西域同频交往交流交融，再谱新曲。这何尝不是伊州乐的再次丰富、再次改变！

伊州乐悠扬千百载

作者简介

于建军，从事考古近30年，主张考古与文学、艺术、人类学相结合。

《观兵》一曲看千古同风

苏月

唐朝是边塞诗最为丰富的朝代,这得益于中央王朝对西部边疆地区的有效统辖治理。岑参眼中"忽如一夜春风来,千树万树梨花开"的边疆美景,杜甫笔下"马骄珠汗落,胡舞白蹄斜"的汉家奇观,无不展现着西域那令人魂牵梦绕的锦绣风貌。但当我们真正设身处地深入了解边塞诗后就会发现,有这样一位被后人称为

《杜甫像轴》(元代)

"诗圣"的名家，虽从未身临西域，却也是西域的热心关注者。他就是生于现今河南郑州巩义的杜甫。

在杜甫流传下来的1400多首诗中，有五六十首涉及西域。而现在人们一提起杜甫，就会"贴标签"式地评价他为伟大的现实主义诗人，仿佛杜甫一直都是盯着脚下的土地，从未仰望过星空，似乎与浪漫无缘，也和狂放联系不到一起，其实并非如此。"读书破万卷，下笔如有神"是他递给韦左丞的"自我介绍"。他在诗里夸起自己，自信狂放的劲头和李白相比，可真是不相上下。

在经历了安史之乱，见证了唐朝的盛衰转变，杜甫将更多的视线投向了平民百姓的苦难。有人说，中晚年的杜甫是沉郁的、悲天悯人的，但是，他的英雄主义激情和爱国主义精神直到晚年也丝毫未减。

史料记载，乾元元年（758年）唐肃宗命令镇西、北庭行营节度使李嗣业等人率兵讨伐叛臣安庆绪。这一年冬天，时年46岁的杜甫，在东都洛阳见证了一场气贯长虹的阅兵仪式，顿时豪情万丈，提笔写下《观兵》一诗：

> 北庭送壮士，貔虎数尤多。
>
> 精锐旧无敌，边隅今若何。
>
> 妖氛拥白马，元帅待雕戈。
>
> 莫守邺城下，斩鲸辽海波。

这首诗的意思是：从北庭（今新疆）来的士兵，勇敢善战像老虎一样凶猛的，尤其多。这些士兵是精锐中的精英，过去皆无人可敌，现在把他们放在有战事的边境，会怎么样呢？挑起安史之乱的叛军气焰嚣张，元帅们随时准备出击。不要一直围着邺城，应该率军长驱直入叛军老巢。

早在至德元年（756年）安史之乱的第二年，唐肃宗征调远在西域的李嗣业回来平叛。李嗣业一收到诏书就率军上路，日夜兼程赶到唐肃宗身边。李嗣业身先士卒,所率军队成为平叛军的开路先锋。至德二年(757年),李嗣业率部突破敌人的层层封锁,在生死存亡之际对朔方节度副使郭子仪说:"今日如果不拼死抵抗,你我都会全军覆没!"李嗣业说完脱去上衣,手持长刀,振奋士气,率领北庭士兵,相继收复长安、洛阳。这一战唐军气势恢宏、所向披靡,传递了华夏五千年一脉相承的家国情怀,体现了中华儿女维护国家统一的豪情壮志,更有力地佐证了新疆自古以来就是中国不可分割的一部分。

杜甫一生渴望天下安定,若今日他从郑州故里向西来到新疆昌吉木萨尔县的北庭故城,看到这一路雪山林海、绿洲梯田,各民族安居乐业、守望相助,他一定深感欣慰、流连忘返。

《观兵》一曲看千古同风

作者简介

苏月,新疆维吾尔自治区博物馆工作人员。

第二章　文物的见证

先秦时期中原与西域物质文化交流

马剑

新疆地理条件独具特色，风物壮美，历史文化丰厚。林林总总的文化遗迹，宛若繁星的出土文物，无一不诉说着新疆自古以来就与祖国同脉搏共跳动的历史心声。先秦时期，中原与西域地区的物质和文化交流密切，经济和交通联系紧密，为促进我国西北与中原的开发建设产生了积极影响，成为张骞出使西域及丝绸之路发展的重要历史基础。

漆器篇

中国古代社会，把由树脂染色的器皿叫作漆器，兼具实用与欣赏价值。色泽明亮、线条流畅、富于变化的漆器，很早就作为礼品，从中原地区到达了新疆。新疆战国时期的遗址和墓地中出土的大量漆器，就佐证了这一点。

阿拉沟古墓，位于今天新疆乌鲁木齐市，埋葬着春秋至西汉时期居住在这里的先民。这里发掘出土了漆盘、耳环等大量漆器标本，木胎虽然已经腐朽，但鲜艳的漆皮、漆器上的图案依然清晰可见。考古工作者辨认出这些漆器上的云纹、鱼纹图案，就是春秋战国至汉代时期中原流行的纹样。这一发现表明，在汉代之前，大批的漆器就已经由中原地区来到了新疆。

考古发掘还发现，漆器工艺可能在很早的时期就由内地传到了新疆地区，其后经丝绸之路，传播到欧亚非各地。

玻璃器篇

曾侯乙墓中，除编钟外，还有一件独特宝贝，那就是170多颗"蜻蜓眼"玻璃珠。根据学者研究，基本认定这种独特的玻璃珠起源于公元前1700—公元前1500年的古埃及（相当于我国的商代）。

曾侯乙墓出土的"蜻蜓眼"

那么它们是怎么漂洋过海来到中华大地的呢？

在新疆轮台、且末、拜城等地的早期考古遗址中，出土了多颗"蜻蜓眼"玻璃珠。考古工作者分析，这些彩色的珠子由埃及出发，穿过地中海，翻过帕米尔高原，在西周中期至春秋中期，到达天山，之后从新疆进入中原地区，经仿制、生产，大量用于先秦时期贵族的墓葬中。曾侯乙墓就是其中一例。

彩陶篇

伴随着人口迁移，先进的农业经济从中原和甘青地区传入西域大地，同时，也将彩陶文化传播到了天山南北。

考古资料显示，距今11000年至9000年间，我国中原地区就出现了彩陶，并开始向周边区域传播。公元前2200年前后，彩陶经河西走廊，穿过数百公里的黑戈壁，出现在哈密盆地的绿洲上。在这一时期的墓地中，出土了双耳罐、单耳罐、盆等多样的彩陶，大多数为红衣黑彩，附有明显的河西走廊印记，但并未长久驻足。公元前2千纪中叶到公元前1千纪前后，彩陶文化继续向西来到了吐鲁番盆地，在这里演变为洋海文化。这一时期的彩陶以"品形耳"陶罐最为精美，陶罐通体火焰花纹，有一种烈焰燃烧的动感。

几经演变，洋海文化在公元前2千纪末到公元前1千纪初来到了天山南麓，在这里将新疆彩陶文化推向了鼎盛。吐鲁番盆地彩陶文化的另一支则沿着天山北坡，来到了伊犁河谷。

发源于黄河流域的彩陶文化一路向西，前后历时约5000年，在新疆大地上开枝散叶，演绎了中原早期文化不断浸润祖国西北的历史画卷。

除了上面列举的漆器、玻璃器、彩陶，先秦时期中原与西域的物质交流，在丝织品、棉花、玉器、铜器等方面的实例不胜枚举。考古资料表明，在距今3300到3200年，新疆与黄河流域的联系就已经形成，并在春秋战国时期有了进一步的发展。先秦时期，天山起到的沟通中原地区与印度、伊朗及欧洲等地的桥梁作用，已经得到较充分验证，为后来丝绸之路的兴盛繁荣奠定了重要基础。

新疆和硕县红山墓群出土的彩陶　　吐鲁番洋海古墓群出土的彩陶

先秦时期中原与西域物质文化交流

作者简介

马剑，毕业于武汉大学历史学专业，新疆维吾尔自治区文物考古研究所工作人员。

汉归义羌长印知多少

吴珺

汉归义羌长印

在人类历史物质文化发展道路上，印章是用作取信的普遍存在之物，具有实用与艺术的双重性质。早在西汉时期，西域便开始在官方与私人往来中使用印章。1953年，考古工作者在新疆阿克苏地区新和县玉奇喀特古城遗址中发掘出一枚印章：卧羊钮，钮与印之间有一圆形孔，可穿绶佩戴。印为铜质，印面呈正方形，边长2.3厘米，高3.5厘米。印面分三列竖排阴刻篆书"汉""归义""羌长"，笔画流畅，端庄古朴。这就是国家一级文物，著名的汉归义羌长印，现藏于中国国家博物馆。据考证，汉归义羌长印极可能是当时汉朝颁发给新疆南部地区古代羌族首领的印章。

羌是个历史悠久、部落众多、能歌善舞的游牧民族，羌族人相传是炎帝后裔之一，是中华民族的重要组成部分。西域自古便是多民族地区，昆仑山北麓分布着诸多羌族部落。《魏略·西戎传》有云："敦煌西域之南山中，从婼羌西至葱岭数千里，有月氏余种葱茈羌、白马、黄牛羌，各有酋豪。"这说明很久以前在昆仑山一带就活跃着众多游牧的羌族部落。

公元前60年，汉宣帝设立西域都护府，这是中央政府派出管理西域的首个地方机构。汉武帝时期，设护羌校尉，掌管羌人事务，其目的一方面在于抚绥未归顺羌人，平息叛乱；另一方面在于兼理屯田，促进当地农业的发展。东汉时期，汉羌冲突不断。归义羌长正是汉王朝为了让汉族与羌族的百姓免受战争之苦而赐予羌族首领的封号。护羌校尉的设置,对维护西域的和平与稳定起到了相当积极的作用。汉归义羌长印的发现不仅证实了汉代时已有羌人在塔里木盆地的绿洲长期生活,是此地的早期居民,更加印证了中原与西域在交往中的融合发展。

汉朝统一西域,设立西域都护府,对诸首领及其以下官员授以官印,是西域被纳入中国领土的开端,确保了西部疆域的稳固,标志着西域正式成为中国统一的多民族国家的一部分,亦是我国领土神圣不可分割的一部分。正是西域都护府的设立,确保了古丝绸之路的安全畅通。商旅互通,加强了中原与西域经济、文化等方面的交流交融,促进了古代中国经济、文化的繁荣发展,加强古代中国经中亚与南亚、西亚、欧洲、北非等地的交往,促进了古代中西方文明的交流,可谓影响至今。

作者简介

吴珺,新疆维吾尔自治区文博院馆员。

"五星出东方利中国"织锦护臂

叶灵

在新疆维吾尔自治区博物馆里,珍藏着一件精美罕见的织锦。织锦长18.5厘米,宽12.5厘米,用蓝、绿、红、黄、白五色丝线织制而成。织锦上自右至左横列织就八个篆体大字"五星出东方利中国",与凤凰、鸾鸟、麒麟、白虎等瑞兽巧妙列置,交相辉映。整件织锦色彩绚烂,意蕴神奇。

这件织锦,就是我国国家一级文物——"五星出东方利中国"织锦护臂。

"五星出东方利中国"织锦护臂

一件不大的织锦为什么会如此珍贵呢？

在昆仑山北麓茫茫的塔克拉玛干沙漠腹地，在连绵起伏的沙丘之下，掩埋着一个神秘的精绝古国——尼雅。这里曾是我国丝绸之路南道必经之地的重要绿洲城邦，当年商贾云集，繁华富庶。后来，它被无情的风沙吞噬，成为一处面对悠长岁月静观默想的文化遗址。

尼雅遗址

1995 年，中日两国学者组成中日尼雅遗址学术考察队，来到新疆和田地区民丰县，对尼雅遗址的一处古墓地进行考古发掘。1 号墓地 8 号墓的主人，是一位穿戴华丽的男性贵族。他右臂上披着的一件色彩鲜艳并且带文字的方形织锦护臂，非常引人注目。经文物专家鉴定，这件精美绝伦的织锦，竟然是一件 2000 多年前来自中原汉室的织锦珍品。根据墓主人的身份推测，这件织锦可能是中原王朝给精绝古国的馈赠。

这是一件在织造工艺上让人惊叹的织锦。这件织锦，每平方厘米经线为 220 根、纬线为 48 根。丝之纤细，线之密集，不仅凝结了汉代织工的艺术创造和智慧才情，而且反映了当时世界杰出的丝绸织造工艺。更让人惊叹的是织锦上的文字，那些结构复杂的篆字不是刺绣的，而是巧夺天工的织工采用多彩经纬丝线，经过极其繁复的操作织成的。吉祥文字如梦幻般从锦上呼之欲出，人们对于未来美好的愿望，被浓缩成千丝万缕，被细密编织进这一掌见方的精致里。为了复制一件这样的织锦，2018年，中国丝绸博物馆依照汉代技术原始工艺，历时一年多才得以完成。

这样一件意匠精美的织锦，当初发掘时作为陪葬品，是和弓箭、箭服、短剑鞘等物品放在一起的，经过纺织品保护和修复专家的提示，最后才确定应该是拉弓射箭时使用的护臂。

织锦上的"五星出东方利中国"到底是什么"神奇密码"？在《史记·天官书》中，有关于"五星出东方利中国"的内容，文中称"五星分天之中，积于东方，中国利；积于西方，外国用（兵）者利"。这是我国现存最早的记载。原来，"五星出东方利中国"是古代先民通过观天象逐渐总结归纳出来的一句吉利的占星语。五星，即金、木、水、火、土，也称太白、岁、辰、荧惑和镇。地分九州，中国指的是中原。当时人们相信，每当东方天空出现"五星连珠"或"五星聚会"的现象，大汉就将安宁昌盛。

到了汉代，西域正式纳入中国版图。公元前138年，汉武帝派遣张骞出使西域，开通丝绸之路，从此汉风西传，中原与西域的往来更为频繁。而精绝古国的人们，仰慕汉文化，他们对这件织锦视如珍宝，生死相伴。这件承载着浓厚中原文化的织锦，穿越时光和千山万水，见证了西域与中原文化的交流。

丝绸，像强劲的东风，源源不息，出塞远行。与此同时，"丁零零——"悠扬的驼铃声从神秘的沙漠中传来，一支支载着货物的驼队向中原赶来，带来了西域的羊毛、棉花等新奇事物。这犹如绵延的西风，与东风相逢、相遇在这条丝绸之路上。尼雅遗址不仅保存了锦缎、汉文木简、汉文木牍，而且还有武器、乐器、毛织品等遗物。这无不折射着绚丽的多元文化，凝结着各族人民的智慧。

新疆地区历史上是欧亚大陆交通和文明交往的通道，新疆文明与中原文化犹如缤纷多彩的丝线，在宏大时空的变幻交织下，编织出如锦绣般灿烂的优秀文化。

今天，文艺工作者以"五星出东方利中国"织锦文物为基础，创作了大型舞蹈，以美妙的舞姿演绎了千年国宝的厚重文化，让人叹为观止。

"五星出东方利中国"织锦护臂

作者简介

叶灵，中国作家协会会员，中央电视台纪录片《中国影像方志》特约撰稿人。

伊江东海久相萦：穿越千年的楼兰魅力

索琼

"楼兰"是一个神秘而又充满魅力的名字，它地处敦煌之西、阿尔金山以北、库鲁克山之南，即今天被称为"死亡之海"的罗布泊地区。楼兰所处的塔里木盆地东部广大的区域，被称作"楼兰地区"。很长一段时期，楼兰为古今中外形形色色的人所关注，难以计数的人怀着不同的梦想，渴望与楼兰产生交集。这种魅力突破了时间、空间阻隔，千百年来让人魂牵梦萦，其因由大概要从楼兰自身说起。

一见楼兰逾千年

公元前176年，匈奴冒顿单于写了一封信给汉文帝刘恒，这封信被司马迁载入《史记·匈奴列传》，信中写道："定楼兰、乌孙、呼揭及其旁二十六国，皆以为匈奴……"这是"楼兰"一词首次出现在史书中。

楼兰的重要性大概体现在两个方面：一是地理位置重要，楼兰地处交通要冲，是古丝绸之路的重要一站，也是西汉通往西域诸国的门户；二是由于楼兰影响力较大，在很长一段时期内，楼兰是塔里木盆地人口多、经济兴盛、社会繁荣、影响力较大的地方政权。公元前77年，汉昭帝为保证西汉王朝与西域各个政权之间的往来，立尉屠耆为楼兰王，将楼兰国更名为鄯善国，治所为扞泥城（今新疆若羌附近）。此后，汉王朝派员在离扞泥城不远的伊循城屯田积谷，又设置伊循都尉，帮助鄯善国成为汉王朝西域长史驻节地、屯田基地。自此，鄯善国成为塔里木盆地东南部最强盛的地方政权。公元442年4月，鄯善国战败，国王比龙率民众西迁至车尔臣河畔的且末。在历经数百年风雨后，楼兰终在历史的画卷上成为过往。

楼兰古城"三间房"与佛塔遗址

再见亦是梦中人

19世纪末20世纪初，外国探险家在我国大肆从事探险活动，楼兰古城等众多文化遗产遭到破坏，大量精美文物被无情掠夺，中华文明横遭劫难。

中华人民共和国成立后，文物考古工作者以楼兰古城为中心，对楼兰地区古代文化遗存开展科学规范的考古工作。

1979年，考古工作者发掘了古墓沟墓地，惊奇地发现墓葬地表均有立木，其中6座墓葬地面有7圈规整的环列木桩，呈放射状，似太阳光芒四射，因此被称作"太阳墓"，这种现象较为罕见，考古学家认为这座墓地已有4000年历史了。

1980年，中国考古队发掘了楼兰古城，美丽的"楼兰美女"干尸重见天日。罗布泊干旱的自然环境，为干尸的保存提供了天然的条件，干尸皮肤保存较好，发色、睫毛清晰可见。楼兰城郊平台墓地等相继被发掘，出土了汉文简牍、文书等各类文物，这些文物大概属于西汉至东汉时期。

1989年、1995年、1999年，考古工作者对营盘墓地进行发掘，不仅清理出多具箱式彩绘木棺，还出土大量颜色鲜艳、纹样精美、材质丰富的纺织品，所绘式样反映出东西方文化交流的特点。另出土了漆奁、漆杯、漆盘等中原地区极为流行的漆器，漆器的木胎为西域本地树种，漆料产自中原，在西域本土加工而成。

2002 年至 2005 年，小河墓地的考古发掘又向世人展示出世所未见的文化现象。墓地为公共墓区，采用分层密集埋葬的墓葬形制，木棺外覆盖有牛皮，棺后竖有红柳棍或胡杨棍，棺前栽有立木。多数墓葬在墓室最前端再立一根粗木柱，露出地表的部分涂红，有些顶端悬挂着牛头，牛头上有 9 道红色竖线。除此之外，还出土了多具干尸，其中有著名的距今 4000 年的"小河美女"。

发掘前的小河墓地

2019 年至 2021 年，楼兰地区的克亚克库都克烽燧遗址出土各类文物 1000 余件，包括大量木牍和汉文文书。考古工作者确定该烽燧为唐代安西四镇之一——焉耆镇下辖的沙堆烽故址，地处"楼兰路"，填补了历史文献中关于唐代焉耆镇军镇防御体系记载的空白。该项考古成果为 2021 年全国十大考古发现之一。

新疆地处欧亚大陆中心，是古丝绸之路的重要交通枢纽，西出玉门关，无论是沿天山南麓、北麓,还是昆仑山北麓,均可通向一个崭新的世界。美索不达米亚是欧亚大陆最早培育、种植小麦的地区,而古墓沟墓地、小河墓地出土了小麦种子;小河墓地发现的贝珠,取材自只在南海出产的海菊蛤。这些考古出土文物的发现,说明在有文字记载之前西域就已存在东西方物质文化交流。

今日的丝绸之路经济带,秉持"和平合作、开放包容、互学互鉴、互利共赢"的精神,致力于"共同发展繁荣,为各国人民谋福祉"。连接中国与世界,古老的丝绸之路日益焕发新的生机与活力。

作者简介

索琼,新疆维吾尔自治区文物考古研究所副研究馆员。

镜里镜外照古今

吴珺

《说文》中说:"监可取水于明月,因见其可以照行,故用以为镜。"我国早在距今4000年左右的齐家文化时期就已经开始制作使用铜镜,铜镜制作在经历了春秋的循序发展、两汉的鼎盛繁荣、三国两晋南北朝的中落,到唐代时达到顶峰,一直延续到清代。

铜镜既是梳妆照面的生活用具,也是古代政治、经济、文化、生活的写照。唐代史学家吴兢的《贞观政要》中说:"夫以铜为镜,可以正衣冠;以古为镜,可以知兴替;以人为镜,可以明得失。"这是魏徵去世后唐太宗对朝臣发出的感慨之言。人们以铜作镜子,可以整理衣冠;以历史作镜子,可以知道兴衰更替;以人作镜子,可以明白得失的道理。

铜镜根据器形大致分为两类:一类为圆形具钮镜,另一类为带柄铜镜。简而言之,一种是镜背带钮的,一种是镜体带柄的。新疆出土铜镜的位置大都在丝绸之路沿线附近,曾经是水源和绿洲的居民聚居点,这也和古代的历史记载相吻合。

带柄铜镜是舶来品,最早出现在欧亚草原中部地区,随着欧亚草原的游牧人群进入新疆北部地区,并逐步扩散至东天山地区。在不断涌入新疆地区的同时,这类铜镜还通

带柄铜镜

过河西走廊向北部及川西高原传播。它是丝绸之路开通之前,欧亚草原游牧民族与我国北方游牧民族交往交流的印证。

新疆境内早期圆形具钮镜出土于哈密天山北路墓地、哈密焉不拉克古墓群、巴里坤南湾墓地、和静县察吾乎沟古墓群等。其中,天山北路墓地出土的铜镜与河南安阳殷墟出土的铜镜纹饰风格一致,多是由密集的平行短线为主体组成的几何状图案。中原与西域在商代就有了贸易往来,殷墟妇好墓中出土的精美玉器及商王室使用的大部分玉器取材来自于阗,相似铜镜的出土更是证明了这一点。

到了汉代张骞开通西域始,中原与西域的交流逐渐繁荣起来,大量具有中原风格的铜镜进入西域人们的生活圈,有素面镜,也有精美的带有纹饰、铭文的工艺镜。1959年,新疆民丰县尼雅遗址出土"君宜高官"铜镜,直径约10.6厘米,厚0.3厘米,镜上有云纹、连弧纹、星纹、变体云气纹、对鸟纹,用隶书铸有铭文——"君宜高官",是典型的汉代铭文镜。"君宜高官",是对用镜之人仕途顺遂的祝福与希冀;"长宜子孙",是家中长辈对晚辈的期许,希望子子孙孙都能过上安稳、幸福的生活;"位至三公",三公是古代官位的称号,也是对亲人、朋友在仕途上能实现高官厚禄的美好祝愿。

"君宜高官"铜镜

和静县察吾乎沟口3号墓地出土的规矩纹禽兽纹镜,最为流行的说法是象征着宇宙的图式,镜钮代表中国,圆镜代表天,钮外方格代表大地,即天圆地方。八个乳钉为支撑天地的支柱,"T""V"与"L"则象征四方之间、四海与防止恶魔进入大地的门,表示中国即为宇宙的中央,与日月同辉,茫茫天地绕其而行,千世万世无穷尽。

除汉镜外，新疆还出土有唐宋时期的瑞兽葡萄镜、神仙人物故事镜、十二生肖镜，金代双鱼镜，明代多宝镜、"金榜题名"镜等。国家的统一带给西域人民的不仅仅是物质上的极大丰富，更多的是思想上对中华民族的认同。从新疆出土的历朝历代铜镜表明，西域文化自古以来就同中原有着交往交流交融，西域的文化、历史、政治、生活不是独立存在的，而是中华文化不可分割的一部分。

作者简介

吴珺，新疆维吾尔自治区文博院馆员。

新疆古代钱币的故事

白旭

"满城尽白发,死不丢陌刀。独抗五十载,怎敢忘大唐?"那是公元808年,一个暴雪漫天的冬天,安西都护府孤守在龟兹军堡上的最后一支残兵,早已在吐蕃国的围困下弹尽粮绝。白发苍苍的郭昕将军,慨然拔剑高呼。在震天的喊杀声里,面黄肌瘦的唐兵与登上城头的吐蕃国士兵进行了最后的浴血肉搏,全部壮烈殉国,无一人投降。那年是他们因"安史之乱"而被切断与唐朝的联系、孤立于大漠之中独自护卫领土的第53年,是大唐王朝西域戍边史上最为悲壮的时刻。1992年,在新疆的唐代古城遗址中出土的3000余枚"大历元宝"和"建中通宝"古钱币,揭开了这段鲜为人知的历史。

公元前60年,西汉设立西域都护府,自此西域正式归属中央政权。自西汉统一西域后,因为驻军、屯田和丝绸之路贸易往来,新疆地区与中原地区的经济文化交流更为密切。在考古发掘中,新疆多地都发现数目庞大的汉代五铢钱。

"大历元宝"古钱币

新疆地区出土的古代钱币的年代从汉至清,几乎历代都有,大致可分为三类:

第一类是古代中国中央政权铸造的古钱币,如西汉的"半两钱",唐代铸造的"开元通宝",宋代的"天禧通宝"等。元朝和明朝发行的纸币在新疆也曾被发掘。清朝时期,新疆地区使用全国统一的货币。这些都证明了历代中央

"建中通宝"古钱币

政权的钱币是新疆地区的主要通用货币。

第二类是在新疆本地及中亚等地铸造的具有东西方货币文化交融特点的钱币。如在新疆和田地区发现的汉佉二体钱，又名和田马钱，钱币正面中心是马或骆驼的图案，另一面有汉字铭文和佉卢文。汉字铭文有两种，一种是"重廿四铢铜钱"，一种是"六铢钱"。汉佉二体钱的制作方法为打制法，最早源自古希腊，很多西方的钱币就是以打制法制成的。再从图案来看，马和骆驼这两种动物图案也常见于西方货币，与中原货币常见的文字图案截然不同，但是汉佉二体钱的重量单位却采用"铢"这一中原传统货币单位，充分显示了汉佉二体钱具有东西方两大货币体系的特点，也说明了新疆自古以来就是多元文化荟萃之地。除此之外，像西域古龟兹国铸造的汉龟二体钱、回鹘文钱、察合台汗国钱币等也都属于自铸货币，都具有东西方文化交融的印迹。这些钱币的出土对研究新疆自铸钱币和地方货币历史有着极其重要的价值。

第三类是伴随中外丝绸之路贸易而流通进来的外国货币，东罗马金币、波斯银币、阿拉伯金银币以及早期的贵霜钱币都属这类。其中，东罗马金币在新疆吐鲁番阿斯塔那墓地出土，以金箔压制而成，上面有穿孔，被放置于死者眼部或口中。这些外来货币在新疆地区出土，充分说明了新疆作为中华文明向西

和田马钱

东罗马金币

开放的门户，是东西方文明交流与传播的重地，为世界文明的融会贯通作出重要贡献。

新疆自古以来就是中国领土不可分割的一部分。一枚枚锈迹斑斑的古钱币，不仅向世人生动揭示了新疆地区货币多元文化的魅力，还是历史上新疆地区与中原地区政治、经济、文化密切联系的缩影与见证。

作者简介

白旭，新疆维吾尔自治区文博院专业技术人员，中级职称。

斗拱瓦当现新疆

马剑

中国 2010 年上海世博会中国国家馆,由代表中国 56 个民族的横梁叠加组合,下小上大,外形酷似一顶古帽,层叠出挑、庄严华美,被命名为"东方之冠"。

这种独到的建筑结构叫作斗拱,它的外形宛若莲花,多用于房屋的梁、柱结合处,上承屋顶,下接立柱,既具平衡稳定、保护建筑的实用功能,又极富美学价值。梁思成先生在《中国建筑史》中评价说,斗拱是中国建筑结构的关键,对斗拱的认识是研究中国建筑的基础。

斗拱在我国建筑史上扮演着重要角色,龙门石窟、大雁塔、故宫这些知名建筑,均借鉴使用了这种工艺。它历史悠久,早在战国时期,河南等地就已出现斗拱的雏形,在发展成熟过程中,斗拱一路向西,传播到广袤的新疆大地。

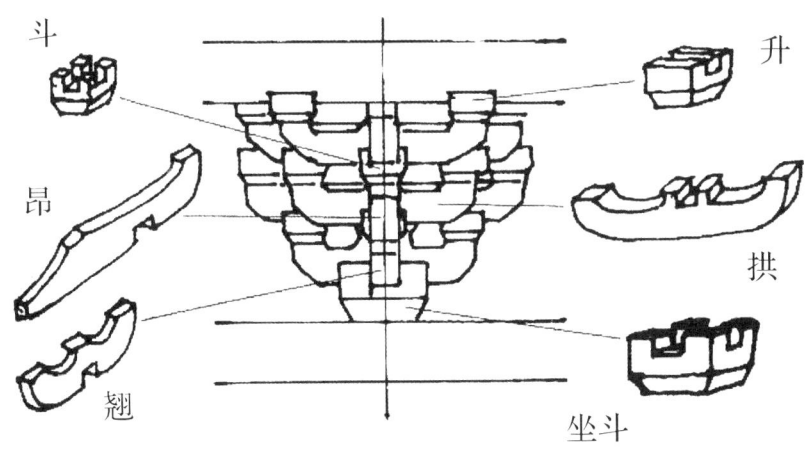

斗拱的主要分件构成图

尼雅遗址是著名的"精绝国"旧址，人们在这里发现了大批自汉代至晋代的珍贵文物，其中就包括不同历史时期的斗、拱。由此可见，汉代时西域的建筑艺术就受到来自中原地区建筑艺术的影响。魏晋时期，中原王朝设置西域长史对这里进行管理，来自中原地区的人往来此地，带来了大量先进的生产工具和技术，而斗拱同其他先进生产工具和技术一道，被正式传入尼雅地区，得到了更加广泛的应用。

唐代四角木亭模型

阿斯塔那墓葬群位于吐鲁番盆地。那里地势高，气候炎热干燥，正因如此，埋藏在这里的上万件文物在经过千年岁月洗礼后仍然保存完好。由这里出土而还原的四角木亭模型，精致巧妙，复现了唐代斗拱、栏杆的具体做法，颇具大唐气韵。哈密回王府是一座融合了汉族、维吾尔族、满族、蒙古族文化的宫廷建筑，以规模宏大、精妙飞动而闻名。来自中原地区的能工巧匠们，将斗拱"尽错综之美，穷技巧之变"的精髓，淋漓尽致地展现在亭、台、楼、阁间。

瓦当

瓦当是我国传统建筑工艺的又一典型代表，在距今3000年前的西周时期，我国建筑物上就已经出现了瓦当。除在陕西、河南等地区大量生产使用外，瓦当翻山越岭，穿越荒漠戈壁，散布在天山南北。

考古资料显示，新疆地区古代大型政治、军事要地，大型都城，高规格寺院遗址中，几乎都可觅得瓦当的影子。研究表明，新疆奇台县、库车市、阿克苏市等地出土的瓦当与中原同一时期瓦当的主体纹饰基本相同，充分反映出中原地区与西域的文化交流源远流长。

从塔克拉玛干沙漠南缘到吐鲁番盆地，由汉晋时期的尼雅遗址到清代的哈密回王府，以斗拱、瓦当为代表的建筑工艺在新疆地区的传播和发展，是新疆各族儿女同中原人民同气连枝、交流交融、始终伴随祖国脉搏的缩影。飞檐翘角，纹饰勾绘，成为历代中央政权深刻影响西域文化走向的有力见证。

作者简介

马剑，毕业于武汉大学历史学专业，新疆维吾尔自治区文物考古研究所工作人员。

消逝的西域"小长安":高昌故城

侯知军

高昌故城位于吐鲁番市以东30余千米处的二堡乡,北距火焰山南麓的木头沟沟口(胜金口)约6.5千米。城址总面积约198万平方米,是新疆现存古城中面积最大的一座。其平面呈不规则正方形,可分为外城、内城和宫城三部分,整体布局与唐长安城相似,被誉为"唐代长安远在西域的翻版"。一般认为,高昌故城兴于西汉,废于明初,沿用时间长达1400余年。历尽劫难,故城现已不复旧时模样,但仍以高大的夯土城墙,依稀可辨的宫殿、坊市等建筑,诉说着昔日的雄浑气象。

"高昌"是吐鲁番的古称之一,取"地势高敞,人庶昌盛"之意。作为控扼西域的咽喉门户,高昌战略地位显要,地广土肥,适于屯田。公元前48年,汉元

高昌故城全景

帝命人在今高昌故城一带修筑壁垒、屯田戍守，最终形成屯集兵马的军事要地"高昌壁"。西汉末年，高昌壁成为掌管西域屯田事务最高长官戊己校尉的治所。公元123年，班勇被任命为西域长史，屯驻高昌壁东约20千米的柳中城（今鄯善县鲁克沁镇）。高昌壁作为柳中附城，承担着伺察敌情、保护主城的任务，后被更名为"高昌垒"，隶属于凉州（今甘肃省武威市）敦煌郡。东汉末年至东晋十六国时期，中国北方战争连绵，河西走廊、关中平原等地的汉族士民为躲避战乱而辗转迁徙到高昌地区，推动了当地经济、文化的快速发展，使其成为吐鲁番盆地的经济中心、西域最为丰饶之地。公元327年，河西前凉国王张骏派兵攻占高昌壁，以其为新设高昌郡郡治所在。高昌城由此完成了从军事据点到城市的蜕变，不仅兴建了外城，而且开始在城内兴建佛寺、祆祠等宗教性建筑。公元460年至公元640年，阚氏、张氏、马氏、麴氏四个汉人家族以吐鲁番盆地为中心先后建立以汉人为主体的高昌王国。因注重广泛吸收中原王朝政治制度、大力发展经济，尤其是经麴氏高昌政权近140年的经营，高昌王国一跃而成为当时西域最为强盛的地方政权，其辖境面积最大时"东西三百里，南北五百里"，向东已与敦煌相接。作为王城的高昌城也成了西域政治、经济、文化中心与交通枢纽。此时的高昌城新修了内城，城内设有王宫、里坊，宗教建筑数量大大超越前代。初步统计数据显示，麴氏高昌时期光佛寺就兴建了200余座。公元629年，一代高僧玄奘（今河南偃师缑氏镇人）西行求法，当高昌国王麴文泰听说他即将到达伊吾时，立刻派人前去迎接。玄奘行至高昌城，麴文泰热情出宫相迎，并一再挽留他充任大法师。但玄奘决意西去，麴文泰就与他结为兄弟。然而，等玄奘取经归途中再经高昌时，麴文泰却已病发身亡。玄奘将成书后的《大唐西域记》赠予了麴文泰留在长安的后裔。

麴文泰逝去后，高昌被改名为西州，唐朝统治者一度将安西都护府设在高昌城,直到658年才迁至龟兹(今库车市)。此时的高昌市场繁荣,佛寺大多改名,道观也开始出现。866年,回鹘的首领仆固俊在北庭(今吉木萨尔县)建立高昌回鹘政权,并于次年攻占高昌,定高昌城为王城,目前我们所看到的故城遗迹大多属于这一时期。该时期最显著的变化是新建和改筑了众多摩尼教寺院,藏传佛教寺院也开始出现。此后,高昌城又见证了西辽等国相继兴起的历史事件,最后在14世纪末的战火中沦为荒城。

高昌故城的佛寺遗址

繁华落尽,饱经沧桑的高昌故城作为中国古代城市营建史的典型标本仍屹立于瀚海戈壁之间。由城北行约5千米就是3世纪至8世纪高昌城官民的公共墓地——阿斯塔那墓葬群。古墓群现存墓葬500余座,已发掘的400余座年代跨越晋至十六国(高昌郡)、麴氏高昌、唐西州三个时期,聚族而葬的丧葬方式、斜坡墓道洞室或偏室墓的墓葬形制,与河西乃至中原一脉相承。墓中所葬多为汉人,也不乏车师人等少数民族居民,高昌左卫大将军张雄、唐北庭副都护高耀等显赫人物亦魂归于此。从中出土以文书、墓志、丝织品为代表的上万件文物,以及大量的干尸，堪称高昌历史的活档案。其中2700余件汉文文书尤为引人注目，所记内容大至典章制度，小到私人琐事，包罗宏富。在一份名为《长行坊支贮马料文卷》的文书中，有"岑判官马柒匹共食青麦三豆（斗）伍胜（升）付健儿陈金"的记载，"岑判官"很可能就是唐代著名边塞诗人岑参。他原籍南阳，一生两次从军戍边，先后在西域生活了6年，为后世留下了大量脍炙人口的诗歌。

"为言地尽天还尽，行到安西更向西。"高昌故城及其墓地为我们绘就了多元文化荟萃、多种宗教并存的磅礴画卷，是"使者相望于道，商旅不绝于途"的古丝绸之路的历史缩影，至今仍熠熠生辉。

作者简介

侯知军，新疆维吾尔自治区文物考古研究所文博馆员。

《伏羲女娲图》的奥秘

白旭

20世纪80年代，《国际社会科学杂志》的首页插图是一幅中国古代的绢本画作《伏羲女娲图》。你知道《伏羲女娲图》有多神秘吗？竟然让科学家们一度认为其中暗藏着生命起源的秘密。1965年，考古工作队在新疆吐鲁番古代高昌王国时期的贵族墓葬——阿斯塔那墓葬群中发现一批绢画和麻布画，其中就包括《伏羲女娲图》，后来又陆续发现了二三十幅这种图。

伏羲、女娲在远古神话中是中华民族最早的祖先。相传在一场巨大的天灾降临后，世界上只剩下两个人首蛇身名叫伏羲和女娲的人。受到上天的指引，他们结为夫妻，并孕育出自己的孩子。为了不让孩子感到孤独，女娲用黄泥捏出人形，创造出更多人。伏羲根据天地万物的变化，发明了八卦，他还教会人们捕鱼、狩猎、驯养野兽的方法，被奉为"三皇"之首。千百年来，人们以各种方式纪念着伏羲和女娲，在悠悠历史长河中留下了璀璨的印记。位于河南省周口市的被誉为天下第一陵的太昊伏羲陵，就是纪念伏羲的大型陵庙，每年农历二月初二至三月初三的太昊伏羲陵古庙会上，游人纷至沓来，2008年曾创下单日约82.5万人参拜的纪录。

伏羲、女娲的传说在中原地区有着悠久历史，流传极广，而吐鲁番地区的神话传说中并未出现过伏羲、女娲，可见该地区出现带有伏羲、女娲形象的陪葬品极可能是从中原流传而来的。这与公元前60年汉宣帝设立西域都护府，并派遣大量屯垦戍边的将士，以及中原地区居民迁往西域生活，有着密切的关系。

吐鲁番市出土的《伏羲女娲图》大多数长约2米、宽约1米，呈上宽下窄的倒梯形。在夫妻合葬的墓穴中，《伏羲女娲图》一般被用木钉钉在墓室顶部，画面

《伏羲女娲图》

朝下,与墓主人面对面。画中左边的女娲右手所执的规象征天,右边的伏羲左手所握的矩象征地。他们上身穿红色宽袖上衣,单手钩对方脖颈,含情脉脉地看着彼此。腰部合穿一件百褶伞状短裙，下半身的蛇尾缠绕在一起。他们在日月星辰的围绕下，遨游在浩瀚的宇宙之中。然而，科学家发现《伏羲女娲图》所描绘的图形竟然与人类的DNA结构十分相似，图中蛇尾交缠的方式正是DNA双螺旋的结构方式，这个发现在世界范围内引起了轰动。随后联合国教科文组织以"化生万物"为名将此图作为插图刊登在《国际社会科学杂志》的首页。

这些《伏羲女娲图》虽然在构图和画法上存在差异，但在画的内容和表达方式上都与中原的伏羲女娲画像一脉相承。从绘画风格上大致可分为两类：一类画像通过运用游丝描、铁线描等典型的汉代风格画法勾勒出人物轮廓，其形象或清秀俊逸或雍容华贵。同时，又将中原地区现实生活中的元素融入画中，规和矩就是最直接的体现。然而，另一类画像采用了西域画风，其人物造型多为深眼眉、高鼻梁，长着络腮胡子，穿着对襟服饰的少数民族形象。这些画像在绘画手法上也使用了西域原创的"凹凸晕染法"，这一技法令人物面部肌肉显得高低起伏，具有强烈的立体感，使整个画面达到粗犷雄浑的效果。

这些《伏羲女娲图》虽然以中原文化为素材，却被进行了某种程度的改造，使之适应了西域文化习惯，并呈现出一种新的形式，从而成了西域文化构成的一部分。汉、西域两种风格的同时出现，说明新疆地区各族人民在祖先认同上与中原地区达到了高度一致。《伏羲女娲图》的地方化，是中原文化扎根西域的一个重要标志，也是新疆自古就是中国不可分割的一部分的有力见证。

作者简介

白旭，新疆维吾尔自治区文博院专业技术人员，中级职称。

出门饺子还家面
——饺子和面条的故事

巴音其其格

羊肉串、烤包子、拉条和馕,几乎是新疆地区美食的代名词。这些充满地域特色的食物源自这片土地特殊的自然条件和生活方式,记载着新疆人世代流传的味蕾密码。在古丝绸之路上,东来西往的美食在这片热土交融与碰撞,因此,在新疆美食历史中长盛不衰的,还有许多来自中原的食物。在承载了数千年传统的年夜饭中,颇具中原特色的饺子和面条也会出现在新疆人的餐桌上。

早在1700多年前,饺子就已在西域流行,并成为人们餐桌上一道必不可少的美食。自吐鲁番阿斯塔那墓葬群出土的唐代饺子,形如偃月,与史书记载的颇为相同。其实,饺子的来源可以追溯到更为遥远的东汉时期。据传,饺子是东汉名医张仲景(今河南南阳人)发明的,为了防止饥寒交迫的百姓耳朵被冻烂,他将羊肉和驱寒药物用面皮包成耳朵的形状煮熟,饺子因此被称为"祛寒娇耳汤"。到

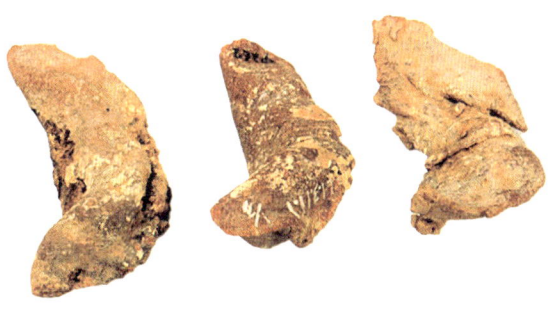

唐代的饺子

了唐代，饺子开始演化并定型为我们今天所见的形状。

饺子符合中国由谐音求吉祥的习俗，饺子谐音"交子"，取"更岁交子"之意，因此除夕吃饺子的习俗延续至今。除夕过后，游子远行前会吃饺子，以祈望一路顺利。除远行前吃饺子外，人们常常在远行归家时吃上一碗热腾腾的面，从而表达平安归来的喜悦，也借面条之长度取"常来常往"之意。这就是人们常说的"出门饺子还家面"。在中国的传统文化中，吃面有太多的讲究了。人们在生日时，往往会吃上一碗"长寿面"，用长长的面条祝福长寿；在家里迎来新生命时，人们请亲朋好友吃"喜面"，祝福孩子平安喜乐，长长久久。

面条古称"汤饼""煮饼""水引饼"。汤饼的记载最早见于西晋，西晋文学家束晳的《饼赋》中写道："玄冬猛寒……充虚解战，汤饼为最。"阿斯塔那墓葬群曾出土了一只木碗，内有汤饼的残迹。此外，吐鲁番出土文书中有关于白罗面的记载，白罗面应是一种细面。621年前后，《高昌传供酒食帐》载，"吴尚书得白罗面三斛"；在《高昌重光三年（622）条列虎牙氾某等传供食帐一》中，有这样的记载："白罗面贰斗，市肉叁节，胡瓜子叁升，作汤饼供世子夫人食。"可见制作汤饼的食材十分丰富，不仅有肉，还有胡瓜，面也是加工精细的白罗面。学者认为此白罗面无疑就是《梁四公记》中谈到的高昌特产白麦面，它如《魏书·高昌传》载，"烹之将熟，洁白如新"，应由小麦制成。

考古研究者在鄯善苏贝希墓群曾发现一碗2400多年前的面条。研究结果表明，苏贝希墓群出土的面条是由黍磨碎后制成的。而说到黍和小麦，考古研究者在新疆吉木乃县通天洞遗址发现了炭化的黍和小麦颗粒，而它们竟然是距今5200年前的作物。在5000年前的丝绸之路上，通天洞里或许发生了一次西域文化与中原地区文化的精彩对话。

中国文化历来是多元交融的，而且体现出无与伦比的丰富性与包容性。新疆

鄯善苏贝希墓群出土的面条

文化影响着中原地区人们的衣食住行，自古以来是中华文化的重要组成部分。回望历史，中华文化之所以如此精彩纷呈，博大精深，就在于它兼收并蓄的包容特性。在中华文明的画卷上，中原和西域之间文化共性的本质是更深层的相融相知，因此得以形成千百年来的多姿多彩、多元一体，才有了各民族文化的交相辉映，以及中华文化的历久弥新。

出门饺子还家面

作者简介

巴音其其格，新疆维吾尔自治区文博院专业技术人员，中级职称。

萌娃嬉嬉　文物藏趣
——新疆出土文物中的儿童形象

朱虹

新疆出土了丰富的历史遗存，悠久炫彩的织物蜚声世界，千姿百态的泥塑闻名遐迩，千变万化的符号多元交织……其中，有关儿童形象的遗存以通俗易懂、生动传神、妙趣横生的特性引人注目。

音乐娃娃载歌舞

1903 年，新疆苏巴什佛寺遗址出土了一个唐代"彩绘苏幕遮舞乐木舍利盒"。盒身直径 37.7 厘米、高 31 厘米，通体着红、灰白、深蓝三种颜色，并镶贴有方形金箔。半个世纪后，人们才发现舍利盒外层颜色的"背后"还绘有精美的龟兹乐舞图。

舍利盒盖儿上有 4 个连珠纹组成的环状图案，每个"环"中都有一个演奏乐器的有翼童子。这种带翅膀的娃娃形象，与若羌县米兰古城遗址的佛寺壁画上的有翼天人相似，可能是由佛教中迦陵频伽的形象演化而来的。这 4 个娃娃分别演奏着筚篥（bì lì）、竖箜篌、琵琶和一个难以辨认的弹拨乐器。

绘于舍利盒身的是一幅典型的龟兹苏幕遮舞乐图，苏幕遮是一种流行于西域各地的大型歌舞戏，传入中原后盛行一时。这幅舞乐图上首先是一男一女手持幡幢（fān chuáng）先导，接着是 6 人手牵手，然后是 2 人持棍独舞和 11 人的表演组。他们头戴面具扮演将军、武士、动物等形象，边歌边舞，气氛热烈。其中还有 5 个娃娃分外抢眼——他们光着双腿和脚丫子，前 2 个抬着大鼓开道，后 3 个则拍手助

彩绘苏幕遮舞乐木舍利盒（唐代）

兴。这也是龟兹的干燥气候和当地儿童四季光腿赤足习惯的生动写照。

杆上娃娃技艺高

杂技表演历来广受人们喜爱，这件1960年新疆吐鲁番阿斯塔那336号墓出土的唐代"顶杆倒立俑""吸粉"无数。这件俑由顶杆人、顶杆和杆上的倒立娃娃三部分组成：顶杆人头系巾帽、体格粗壮，上衣扎在裤中，腰间系带，两臂平伸，两腿分开，神态专注；杆上的倒立娃娃仰着头，一手支撑顶杆，一手伸出保持平衡，他裸露着上身，只穿了一条短裤，露出了结实的小屁股和微屈的双腿，可见其技艺高超。

顶杆倒立俑

"时髦"娃娃忙嬉耍

1972年新疆吐鲁番阿斯塔那187号墓出土的《彩绘双童图》，以简练的粗细线条描绘了"绿草叠青石，俩娃忙嬉耍"的情景：图中的两个娃娃头发黑亮亮、脸蛋红扑扑、身材胖乎乎，还穿着"同款"彩条背带裤和红鞋。左边的娃娃昂首朝天，高举的右手好像正在放飞什么，左边的臂弯还抱着一只黑白相间的卷毛狗；右边的娃娃神情专注，似乎发现了什么，摆着小手以引起同伴的注意。

《彩绘双童图》稚拙的胖娃娃让人印象深刻，而他俩身穿的彩条背带裤和左边娃娃怀里的卷毛狗更是趣味的焦点。在中国古代服饰历史中，背带裤的款样十分少见，《彩绘双童图》中的背带裤色彩丰富，由红、黄、绿等色组成的竖条纹明亮鲜艳，充满了自然与生活的气息。据考证，卷毛狗来自在唐代被称为"大秦"或"拂苓"的东罗马帝国，它们经由当时新疆的高昌进入中原，受到贵族的喜爱，后来逐渐由贡品演变成民间的宠物，著名的《簪花仕女图》上就有它可爱的身影。河南洛阳市新安县的石寺镇土沟村还曾出土了一件"唐三彩拂菻狗"，它尾巴上卷，回头张望，机智逗趣。

《彩绘双童图》（唐代）

这些有关儿童形象的新疆出土遗存，展示的是新疆地区社会生活和民俗风貌1000多年前的"前世"，连贯的是古今中华民族记忆的"今生"。舍利盒上有翼童子演奏的竖箜篌、琵琶是当代国风音乐盛行的明星乐器，竖箜篌清亮空灵，琵琶饱满透亮。"顶杆倒立俑"的杂技表演一路传承发展，与今天河南中部的舞钢市武功乡的顶杆杂技相映生辉，而顶杆杂技是河南省非物质文化遗产项目的内容之一，受到了保护和开发利用。时尚是不断轮回的，《彩绘双童图》中的彩条背带裤与现代时尚的"条纹""撞色"元素不期而遇，这正是所谓的经久不衰。

萌娃嬉嬉　文物藏趣

作者简介

朱虹，新疆维吾尔自治区博物馆馆员。

第三章　历史的记忆

一朝张骞千古博望

姬翔宇

郑欧国际铁路货运又是忙碌的一天，各式各样的商品在郑州铁路集装箱中心站装箱发车。这趟满载货物的货运火车在新疆阿拉山口口岸出境后，途经哈萨克斯坦、俄罗斯、白俄罗斯和波兰，最终到达目的地德国汉堡。与此同时，郑州新郑国际机场的"郑州号"也载满货物，整装待发，飞往德国卢森堡。这两条运输线被称为新时代的"丝绸之路"。谈及丝绸之路，就必须提及一位重要的历史人物，这就是西汉博望侯——张骞。

梁启超曾写诗盛赞张骞："坚忍磊落奇男子，世界史开幕第一人。"千百年来，中国人民都在睁眼看世界中探索不止，被誉为"第一个睁开眼睛看世界的中国人"就是张骞。他使中国人第一次知道了中原以外的西方世界。

张骞，生于今陕西汉中市城固县，是中国汉代杰出的外交家、旅行家、探险家，丝绸之路的开拓者。司马迁在《史记·大宛列传》中写道："然张骞凿空，其后使往者皆称博望侯，以为质于外国，外国由此信之。"史学家南朝裴骃与唐代司马贞更是肯定了张骞开通西域、开拓丝路的首功。此后，历代文人也常作有诗句以歌颂其功德，广为流传的便有唐代杜甫所作："闻道寻源使，从天此路回。牵牛去几许，宛马至今来。"诗人在字里行间流露出了对张骞的敬仰之情。

关于张骞的历史事迹，《史记》中有翔实记载。汉武帝时期，他曾受命两次出使西域。

第一次出使是公元前138年，汉武帝为联合大月氏夹击匈奴，招募使者，张骞自愿出使西域。张骞率100多人的使团从长安出发，途中被匈奴扣留。在遭拘禁的日子里，张骞被迫在草原上放牧，并有看守监视。这样的日子一过就是10年。在这漫长的时光里，他学会了匈奴人的语言，提高了骑马的技艺，还摸清了周围的自然环境，时刻准备找机会逃离。公元前129年，张骞趁匈奴守备松懈之时，带领随从得以逃脱，一路风餐露宿，历经磨难，在大宛的帮助下到达了大月氏。

张骞虽然到达了大月氏，但此时大月氏的情况发生了变化，对张骞所提结盟的请求并不感兴趣。张骞对此并不死心，在大月氏逗留的一年多时间里，他一边继续游说国王，一边四处寻访，了解当地的情况。张骞最终没能说服他们共同对抗匈奴，只好沿南山，即今塔里木盆地的南部返回。不幸的是，就在快到达汉朝境内时，他又被匈奴俘获。公元前126年初，匈奴为争夺王位发生内乱，张骞趁机逃回长安。

张骞此次出使西域，历时13年之久，使团由最初的100多人到只剩他与堂邑父两人。他虽未能完成使命，但却掌握了大月氏的历史和现况，为汉朝了解西域打开了一个窗口，并为汉朝制定对匈奴的策略提供了依据。张骞因功被拜为太中大夫，并在公元前123年被封为最高异姓爵位博望侯，封地在今河南省方城县博望镇。

第二次出使是公元前119年，汉武帝为了联络乌孙等国，任命张骞为中郎将，张骞率领随从300人，携带马匹、牛羊以及价值千万的钱财布帛，再次踏上了出使西域的路程。

河西走廊已经打通，不再穿越匈奴控制区，所以，这次出使之路十分顺畅，不仅促成了细君公主和亲乌孙，密切了与乌孙的关系，而且在乌孙期间还分遣副使出使了大宛、康居、大月氏、大夏、安息、身毒等国，建立了友好的联系，立下了通西域的不世之功。张骞不仅是北方丝绸之路的开拓者，而且是南方丝绸之路的探路人，是古代全方位规划和开拓丝绸之路的第一人。

从此，正式开启了汉朝与西域各地频繁交往的时代，各民族文化日渐融合，区域联系日渐紧密。因张骞被封为博望侯，以后汉朝派往西域的使者都称博望侯，可见张骞在西域各地的深远影响。

历史的长河滚滚向前，不曾停歇。今天，古丝绸之路虽已喑哑了马嘶与驼铃，但世人不曾忘却张骞的功绩。张骞曾被封为博望侯，他的故乡今陕西城固县与其封地今河南方城县皆有以"博望"命名的博望镇。这些地名流传至今，未曾改变，为世人所铭记。当你来到张骞的故乡城固县时，你可以去张骞博物馆了解张骞为开通西域所做的丰功伟绩，在张骞墓前祭拜这位英雄；你也可以到张骞的封地河南方城县博望镇，去瞻仰那尊矗立在方城大地上高大的张骞石雕像；你还可以沿着张骞西行的脚步去往新疆疏勒县，在张骞公园里的张骞纪念馆了解张骞为西域带来的变化。

在新时代的当下，新丝绸之路继续传承丝路精神，沿着古老的足迹再次起航。看着一列又一列的火车、一趟又一趟的航班从河南郑州出发，满载着货物，作为连接欧亚的桥梁，沟通了世界东西方经济文化的交流，也促进了中华各民族间的交融，在中华民族共同体建设的历程中继续发挥着重要的作用。

张骞塑像

一朝张骞千古博望

作者简介

姬翔宇，郑州大学文化遗产保护研究中心文物与博物馆学硕士。

西域都护班定远

于茂世

永平年间，汉明帝做了一个"金色的梦"。

"寻梦"西域，那个时代学问渊博、胆识过人的蔡愔携高僧以白马将"金人"和佛经驮回了洛阳，汉明帝"圆梦"而在68年诏建了白马寺。

开创了明章之治的汉明帝，只是为了一个好玩的"金人"、一个异域的信仰而大费周章，编造梦想？——朝堂之上，故弄玄虚"百思不解其梦"。

明帝糊涂吗？当然不糊涂。

得遇明君，是中国人永远的梦想；谥号明帝，明帝怎么可能是个糊涂蛋呢？他是揣着明白装糊涂。

白马驮经，明帝一时"圆梦"。

他的梦圆了没有呢？当然没有。

但是，究竟谁解明帝的梦呢？

班超。

说起班超，自然想起投笔从戎。他之所以投笔从戎，是因为他解了明帝的大梦。

建初三年（78年），班超上疏汉章帝："我私下里自以为，先帝意欲打开西域之门，平复西域疏通汉道……"

一句话，班超不但解了明帝的梦，而且说到章帝的心窝里。章帝欣然应允班超"平通汉道"，"布大喜于天下"。

于是，龟兹降汉，汉道平通，班超自然威震西域。之后，班超更是派遣甘英出使大秦。甘英临西海（今波斯湾）以望大秦，但最终未能抵达丝绸之路的终点站——罗马帝国。

在班超的眼里,只有"汉道",没有丝路。

丝路,是1800年之后由德国地质地理学家李希霍芬站在西方人的立场上的一种命名。丝绸,是西方人的眼中永远的传奇;汉道,是中国人前赴后继的一种凿空、平通。

班超塑像

丝路由西向东看,它是反时空的;汉道由东向西看,它与时空相向而行。

丝路,起点看起来像在罗马。

丝路到了中国,说起起点,总是争论不息。西安?洛阳?还是丝绸产地,蚕丝产地?抑或起点,干脆就在蚕身上?

说起汉道起点,就简单明了:西汉,在西汉首都今陕西西安;东汉,在东汉首都今河南洛阳。

折射在丝路世界文化遗产点上，自东向西次第排列，中国境内遗产点一共22处，其中河南4处、陕西7处、甘肃5处、新疆6处。

回望历史，反映在遣词造句上，西汉张骞是"凿空"西域，东汉班超是"平通"汉道。

平通，自然是平复疏通。

西汉东汉之间，有了王莽新朝。

王莽时期，天下大乱。

于是，西域诸国被北匈奴所控制，脱离了中央王朝的管辖。北匈奴得到西域之后，屡次侵犯河西走廊诸郡。

明帝夜梦"金人"，蔡愔求法西域，只是班超投笔从戎、平通汉道的序曲。

73年，明帝派兵出征北匈奴。

这一年，西域与汉朝渐次恢复交往。

断匈奴之右臂，张中国之臂掖。此次汉明帝分兵4路，进军北匈奴，班超先以代理司马之职随从奉车都尉窦固出征作战，再遵从窦固之命出使西域，由此有了"不入虎穴，焉得虎子"的典故。后来，班超再奉明帝之命继续一路向西，31年间使西域50余邦国归附汉朝，官至西域都护，被封为定远侯。

班超功勋何在？可读他的上疏，他自道："如今西域各国，从太阳落山处以东，无不向往归顺汉朝……我曾率领部下36人出使遥远的异域，备受艰难困苦……现在，无论询问西域的大国小国，都会一致回答：依赖汉朝，等于依赖上天……我看到莎车、疏勒，土地肥沃，广袤无垠，牧草茂盛，牲畜成群，不像敦煌、鄯善一带，这里用兵不用消耗中原物资，粮食能自给自足。"

张骞凿空西域，班超平通汉道，仁智各见，其中蔡东藩《后汉演义》云："西汉有张骞，东汉有班超，皆一时人杰，不可多得。吾谓超之功尤出骞上……超真一人杰矣哉！"

班超投笔从戎，以"不入虎穴，焉得虎子"的孤勇精神，纵横捭阖西域 31 年，终以"生入玉门关"而善终于洛阳——

班超久在西域，年老思念家乡，上疏皇帝，希望在有生之年，回归故土。

班超之妹班昭亦上疏和帝，为兄长求情：先叙班超所受隆恩，接述班超所立功绩，再说班超年老多病，虽想报国，但已力不从心。如果边境有变，恳请宽恕。

和帝感于班昭之言，班超得以回还洛阳，还得以继任西域都护。

班超在西域 31 年，回归故土 30 余天，驾鹤西归。

班超享年 71 岁，葬在洛阳北邙山上。

但是，他的精魂，永远徘徊于汉道之上。

西域都护班定远

作者简介

于茂世，首届河南省十佳新闻工作者，大河报社首席记者。

西域学子上太学

——记辟雍碑

索琼

辟雍，又称璧雍，形状为圆形，四周有水池环绕。圆形像辟，辟即璧，是玉制礼器；环水为雍，意圆满无缺。辟雍最初是西周天子为贵族子弟设立的学堂，后指天子的学堂。学堂教授礼仪、音乐、舞蹈、诵诗、写作、射箭、骑马、驾车等课程，是天子行礼乐、宣德化的重要场所。

辟雍碑是立于辟雍用以纪事颂德的碑，又称皇帝三临辟雍碑。辟雍碑全称"大晋龙兴／皇帝三临辟雍／皇太子又再莅之／盛德隆熙之颂"碑，刻于西晋咸宁四年（278年），1931年出土于河南省洛阳市偃师市东大郊村北部的西晋太学遗址，是我国现存最大最完整的晋代碑刻。

石碑高322厘米，宽110厘米，厚30厘米，由碑首、碑身和碑座三部分组成。碑首和碑身以整石凿刻，碑首约占碑身三分之一，蟠龙伏绕其上，上用隶书刻全称。碑正文亦用隶书篆刻，共30行，各行55至56字，记述晋武帝司马炎三临、皇太子司马衷二临太学辟雍视察，考察太学学生"德行""通艺"的经过。太学师生感沐帝王对辟雍的关怀，便立碑为文，称此为"盛德隆熙"。

碑的背面称作碑阴。辟雍碑的碑阴题名中，记录了参与天子视察辟雍的陪同人员，大致分三类，一类为行政官员：太常、散骑、常侍；一类为教职人员：博士、司业、主事、司成等；一类为太学学生：礼生、弟子、门人、散生、寄生等，共400余人。

碑刻所用的隶书，笔势遒劲，被视作晋代八分体隶书的代表，也有学者认

辟雍碑正反面

为辟雍碑的隶书反映出"汉隶—晋隶—楷书"的演进过程,对研究古代书法艺术的发展与演变,具有重要价值。

辟雍碑的出土,展示了西晋时期朝廷对国家教育的重视,实证了太学这一教育制度在西晋的延续,补充了史料不足,是研究西晋太学教育的重要资料。

太学制度最早可追溯至汉武帝时期,创办初期平民或公卿皆可入太学学习。东汉以后,教育出现特权化倾向,有官员提出公卿子弟应必入太学,但也没有排斥平民子弟,家世门第也不是太学学生唯一的选拔标准。到西晋,晋武帝司马炎重视学校教育,颁旨兴太学,并承袭西周以来的天子视学传统,亲临辟雍考察教育。这一举措使得武帝咸宁二年(276年)至惠帝元康二年(292年),太学规模宏大，全国各地的学生前往太学学习，其中既有公卿子弟，也有平民子弟，人数一度达万人。至惠帝元康三年（293年），太学教育出现了等级分别，对学生身份有了明确的规定，即五品以上官员的子女才可入太学，平民子弟不可再入太学。辟雍碑所记录的时间，正是西晋太学繁荣发展、贵族平民同入太学的时期。在碑阴中，学生均附学籍，他们大致来自10余州70余县，范围"东越于海、西及流沙"。极为特别的是，有4名学生朱乔尚建、王迈世光、瑰景大卿、瑰元君凯来自西域。为什么西域的学生会来到太学学习？

综观魏晋南北朝时期，政权更替频繁，中原与西域交流密切，各民族交往交流交融范围广、程度深，在历史上推动了多次民族大融合。从楼兰（今新疆罗布泊地区）出土的文书中可以看到，不少文书的纪年采用西晋武帝的"泰始"年号。1924年新疆鄯善县出土的陈寿撰《三国志》（西晋写本）残卷、1965年吐鲁番出土的《三国志》（西晋抄本）残卷，都证明经典文学著作曾在西域流传。

西域古代少数民族前往太学这一中原最高学府，学习儒学、中原礼仪和文化，同时，胡服、胡食、胡乐等少数民族习俗也传至中原，并为百姓所接受，成为一体多元中华文化历史进程中的一个片段。所以，不论在辟雍学习的4名西域学生是贵族子弟还是家世普通的平民，都体现了他们对儒家文化、礼仪典籍的向往，反映"认同"这一主线始终贯穿其中，证实西域早已是中华民族不可分割的家庭成员。

作者简介

索琼，新疆维吾尔自治区文物考古研究所副研究馆员。

千里交互：西域维护祖国统一

爱特肯·乌斯满

"千里交互"——短短四字便浓缩了西域同祖国千百年互动过程中无数感人至深的历史瞬间，其中亦有无数西域豪杰为维护祖国的统一贡献力量的历史故事，让我们得以从中了解到西域自古以来对祖国保有的深沉且饱满的爱。

第一个是莎车王延、康父子助汉的故事。

自王莽篡权开始，西域在汉朝管辖下的平静局面便已不复存在，王莽称帝后更是变本加厉地行使权力。王莽强取豪夺的行径逐渐引起西域部分民众的不满与反抗，西域再次陷入混乱的局面，匈奴势力也开始乘虚而入。

而汉朝在初期采取的各种有力措施使西域民众对汉朝依旧存有期待，这份期待也成为了团结西域各城邦的凝聚力，莎车王延、康父子便是助力汉朝维护祖国统一的杰出代表。

莎车王延早年在汉朝都城长安（今陕西西安）学习、生活的过程中，对汉文化油然而生崇敬之情。他即位后积极推行西汉政令，仿照西汉典章制度治理地方，面对西域混乱局势，更是团结西域各首领抵抗匈奴。

其子康即位之后，亦谨遵父亲教诲，面对西域都护府同汉朝失去联系的困境，竭力收容并保护原西域都护所属的1000多名未撤走的官员、士兵及其家属，使他们免受匈奴的伤害，并时常致信驻防河西走廊的河西五郡大将军窦融，表达恢复同汉朝联系的迫切心情。

29年，汉朝封康为"汉莎车建功怀德王、西域大都尉"，授命其管辖西域各地。这一任命在西域地区反响很大，同时也推动了西域更多城邦摆脱匈奴，转而同康合作。这不仅为日后汉朝恢复西域都护府奠定了良好基础,而且增进了中原同西域的深厚友谊,更为西域维护祖国统一提供了历史见证。

第二个是西域军队助唐平安史之乱的故事。

安史之乱的爆发,使唐由盛转衰,而面对长安、洛阳两地相继沦陷,河北十三郡被安史叛军所占领的严峻形势,唐肃宗选择向盟友们寻求帮助。

回纥当即派遣使臣及军队与肃宗会面。肃宗与回纥太子叶护会面后,以宴请、赐礼等方式犒劳回纥诸将士。待叶护率领回纥、西域将士打完仗归来后,肃宗同叶护结为了兄弟。叶护率兵与唐将郭子仪会合后,郭子仪欲留宴三日,叶护表示国家有难,没有时间大吃大喝。

唐肃宗画像

之后，回纥深受唐将仆固怀恩"国家恩信不可违背"的影响，在面对安史叛军的挑拨时，再次助唐平叛。

除回纥军队外，于阗王尉迟胜亲自率领5000兵助唐平安史之乱的事迹也令人心生感慨。

唐太宗时期，于阗便已归附唐朝，还积极协助唐朝对抗吐蕃。唐玄宗时期，于阗王尉迟胜更是亲自到长安朝见唐玄宗，献上名马和美玉，后又迎娶唐宗室女子，成了唐朝皇室的女婿。

平定安史之乱后，尉迟胜向唐代宗提出愿意让出王位，加封其弟尉迟曜为于阗王，自己选择留在长安。

至此，唐朝得到西域军队的助力平定了安史之乱，收复了两京，如尉迟胜一般选择在战后留在唐朝的西域人更是不在少数，而西域助祖国统一的史实不绝于此。

中原同西域千百年交互往来的历史，让我们看到西域各族人民同祖国的浓厚情谊，更让我们了解到千年之间、千里情谊所达成的历史成就。维护祖国统一中少不了每一位中华儿女的向往、努力与支持，更少不了每一位中华儿女对祖国深沉的爱。

作者简介

爱特肯·乌斯满，新疆维吾尔自治区文物考古研究所干部，从事管理工作。

捍卫祖国统一的隋唐西域名将张雄

郑惠婷

"玲珑云髻生花样,飘飘风袖蔷薇香。"——新疆维吾尔自治区博物馆绢衣彩绘木俑在2019年《国家宝藏》以其美轮美奂的服饰、栩栩如生的表情,实力"出圈"。作为国宝守护人的新疆演员佟丽娅在节目中饰演了张雄次子张怀寂的小女儿,演绎了木俑背后的历史故事,让沉寂在吐鲁番火焰山南麓那段捍卫祖国统一的热血历史再次呈现在人们的视野中。

绢衣彩绘木俑是1973年吐鲁番阿斯塔那古墓群206号墓葬出土的文物。阿斯塔那古墓群是一个民族大融合的墓葬群,还发掘出了一具轰动考古界的男性干尸。他身材魁梧,脸形瘦削,束着假发,两腿因长期戎马生涯而变形成"O"字形。根据同时出土的《唐故伪高昌左卫大将军张君夫人永安太郡君麴氏墓志铭》记载,一位与张须陀、尉迟恭同时期,具有显赫功绩的武将形象便跃然纸上。

墓志铭记载,张雄,河南南阳白水人,其祖先为躲避中原战乱移居西域,并世代与高昌王族麴氏互通婚姻。张雄的祖父、父亲都是将军,姑母是前高昌王麴伯雅的妃子,姑母之子高昌王麴文泰与张雄是姑表兄弟。作为高昌的顶级权贵子弟,张雄自小熟读《诗经》《论语》及《战国策》等典籍。铭文称他"白面知兵,神机俊爽",是文武双全的将才。而今,这位隋末唐初名将安静地沉睡在新疆维吾尔自治区博物馆里,曾经的刀光剑影和倥偬岁月虽已不在,但金戈铁马的壮烈情怀依然被人传颂。

高昌作为古丝绸之路上的商贸重镇,历来是各方势力争夺的对象。因为汉朝对西域的有效统辖和治理,高昌等西域政权对中央政权有着深厚的政治、经济和文化认同。609年，隋炀帝亲征吐谷浑扬威于河西，当时的高昌王也就是张雄的姑父麴伯雅，本就倾心中原，于是立即向隋称臣，还在高昌推行衣冠礼制的改革。但是改革失败，麴伯雅被迫亡命天涯。在这场政变中，张雄以"报君黄金台上意，提携玉龙为君死"的决心，坚决支持麴伯雅归顺隋朝。历经6年的筹备磨难，麴伯雅最终返回高昌，重登王位。张雄因功被任命为左卫大将军、绾曹郎中等职，掌管高昌的军政大权，还恢复了高昌与中原的密切关系。

岁月更迭，唐朝取代了隋朝，高昌又面临新的抉择。继续称臣，还是偏安一隅？在这个重大历史问题上，张雄与后来的高昌王麴文泰产生了分歧。麴文泰认为唐朝初立，绵延沙漠又是天然屏障，说"现在的唐朝根本比不上隋朝，即使唐王朝想要出兵，也会因为高昌距离长安道路险阻而不能对我产生任何威胁"。麴文泰狂妄不可一世的做法，让处于不惑之年的张雄忧心忡忡。他看到唐朝大局已定，中央政权逐步加强，国势日益强盛，麴文泰的倒行逆施一定会给高昌百姓引来祸事。张雄心向中原，渴望统一，他多次规谏麴文泰恢复与唐朝和睦相处的关系，但都"规谏莫用"，还因此失去了话语权，被迫退出政治舞台。633年，怀揣着对家国的忧虑，一代名将张雄忧愤而死，年仅50岁。

麴文泰与匈奴勾结的分裂行为就连高昌的百姓都无法容忍，从高昌城内流传的《高昌童谣》"高昌兵马如霜雪，汉家兵马如日月。日月照霜雪，回首自消灭"就可以见微知著。640年，也就是张雄去世的第七年，唐太宗派侯君集率大军而来，麴文泰惊恐病死。唐朝顺利平定了高昌，在高昌设立西州，又设安西都护府，再次将高昌置于中央的管辖之下。

这段历史被详细记载在姜行本纪功碑中，与阿斯塔那古墓群出土的墓志铭互为印证，成为西域将领维护国家统一、出生入死的真实写照。

因张雄主张统一，唐朝平定高昌后，张雄的两个儿子都受到唐朝的重用，次子张怀寂还曾参与到唐朝平定吐蕃、收复安西四镇的统一大业中，立下了汗马功劳，被封为"上柱国"，即拥有最高等级战功的人。因为张家两代人对维护祖国统一作出的贡献，688年张雄的夫人被唐朝授予"永安太郡君"的封号，后与张雄一起长眠于吐鲁番的沙丘之下。

西域名将张雄，不仅对中央政权统辖治理西域起到了积极的推动作用，而且作为祖籍中原南阳的西域游子，更是对中原有着深厚的家国情怀。历史会永远铭记着这些忧国忧民的英雄。

姜行本纪功碑

作者简介

郑惠婷，新疆维吾尔自治区博物馆馆员。

北庭副都护——和守阳

吕刚

古代丝绸之路横贯欧亚，全长7000多公里，见证着东西方文明交流融汇的悠久历史。古城洛阳在史学界也被部分学者认为是丝绸之路的东段起点之一。这里留存着众多的历史文化遗迹，其中考古出土的一块石刻墓志铭，就记载了唐朝鲜卑族将领和守阳保家卫国的传奇故事。

和守阳出生在今天陕西省凤翔县一带。和家世代家风严谨，非常注重对孩子的教育，要求一言一行都要符合礼仪。在这种环境培养下，小时候的守阳知书达理，是远近闻名的孝子，经常受到老师和乡邻的夸赞。成年后，他立志为国家建功立业，毅然从军入伍，深入西北大漠，开始了长年戍边的戎马生涯。

707年，和守阳跟随唐朝名将安西大都护郭元振参战立功，被提拔为副官，负责处理筹集军用物资和军队开垦农田等方面的事务。708年，西域属国西突厥和突骑施互相争斗，进而发展成为一场波及整个西域的政治、军事危机。在危急形势下，和守阳奉命赶回长安汇报情况。生死关头，和守阳没有屈服，在朝廷上据理陈词，坚决表明郭元振的忠义之举，为扭转西域局势作出了重大贡献。

重新回到西域后，和守阳担任了朝廷册封突骑施首领为可汗的使臣。可汗十分欣赏他秉持正义、威武不屈的性格，拿出数百两黄金，想要和他交朋友。和守阳认为朝廷使臣不能私下收受金钱，坚决推辞，不予接受。归来后，圆满完成任务的他再次被提拔，不久又担任播川郡（今贵州遵义一带）行政长官。

717年，和守阳再次调回西域，在北庭都护府（今新疆吉木萨尔一带）负责军队财政和后勤工作。他主持工作10年，各地屯田连年丰收，仓库粮草充足，有

和守阳墓志铭

效保证了 2 万余名官兵的战备和生活供应，使北庭都护府成为兵强马壮、物资充足的边陲要塞。

728 年，青藏高原的吐蕃势力开始北上，不断进攻青海、甘肃河西走廊一带的城镇，对丝绸之路的咽喉要道构成严重威胁。为加强防卫领导力量，富有作战经验的和守阳调离西域，担任陇右节度副大使（相当于军区副司令）。在边关将士的共同努力下，吐蕃大军数次进攻瓜州、祁连城等地均被击败，损失惨重，无奈只能撤回高原。

731 年，和守阳年事已高，告别了忙碌的军旅生涯，再次转任地方官。墓志铭中的"凡典四郡"，是指他历任播川、陇西、南宾、江华四郡的太守。在地处边境的陇西郡，和守阳组织训练士兵守卫边防，积极捍卫西部疆土。在南宾郡任太守期间，和守阳打击地主豪强，制止贪官污吏对百姓的剥削掠夺，解决了社会秩序混乱、民众流离失所的严重问题，附近老百姓纷纷慕名而来投靠。在江华郡任太守时，和守阳注重以民为本、休养生息，使长期承受战乱之苦的江华逐渐恢复正常秩序，社会风气明显好转，人口户籍由 2 万余户增长到了 4 万余户。

北庭故城遗址

741年，和守阳在进京述职的途中不幸病故。他的生前好友毛肃然撰写了墓志铭，英雄事迹得以流传后世。和守阳为国尽忠40多年，深明大义，品行高尚，文武双全，威望很高，具有丰富的社会治理经验，是唐代一位杰出的少数民族官员。

唐代前后历经200多年，以海纳百川的开放胸襟吸纳了各民族多元文化，丰富和发展了中华文明，是中国古代史上的一座丰碑。唐朝全面巩固了中华民族多元一体的格局，各族人民广泛开展交往交流交融，涌现出和守阳等千千万万各族英才报效国家。这正是那个伟大时代的生动写照。

作者简介

吕刚，新疆维吾尔自治区文物考古研究所干部，从事管理工作。

风雪雄关大河城

于建军

东天山北部的巴里坤县城不是很大,曾经有个名字叫镇西。县城里外至今还可以看到很多城墙圈子,这些就是古城遗址。大河古城是其中保存较好的一座,年代似乎也是最早的,是一座唐代的城址。

大河古城遗址

从县城出发,向东北走近20公里,按照路边的指示牌,拐向南经过一小乡村,就可以看到不远处一马平川的草原上突兀而起的一座土墙圈子,那就是大河古城了。

古城南面,有一条在沼泽、草地间蜿蜒流淌的小河,其余三面已被开垦为农田。古城有主副两城,东西方向上连在一起,仅有一墙之隔,隔墙中段开有门道相通。城墙残高近10米,低处有四五米,副城墙圈多倾覆倒塌,隆起似田垄。这是唐景龙年间伊吾军修筑的城池——大河唐城,曾一度在丝路古道上为往来客商的安全提供了有力保障,现为全国重点文物保护单位。

大河唐城周边没有大河，没有险峻山势可以凭依，更没有天险可以利用，就这样毫无遮掩地矗立在草原中央。

《沙州伊州地志残卷》中记载："伊吾军，景龙四年（710年）五月奉敕置，至开元六年（718年）移就甘露镇，兵士三千人，马一千四十匹。"《新唐书·沙陀传》中也有相关的记录。史籍记载和城内发现的一些遗物都证明了大河城是在唐景龙年间修筑的古城，也极有可能是甘露镇的所在。当时，统辖西域的军队有瀚海军、天山军等，其中之一的伊吾军主要就驻扎在这里。自古以来，以军事目的为主修建的城池都要考虑可以凭依的周围环境，而大河城的设计者、修建者似乎根本没有考虑这些。

与这座古城相关的文物还有姜行本纪功碑。纪功碑历经千年岁月，几经辗转，现在保存在新疆维吾尔自治区博物馆。碑体保存比较完整，所存碑文也较长，书法古朴凝重，文笔雄奇有力，豪气冲天。最为动人的，碑文是一篇上好的纪事散文，文中字里行间洋溢着豪情，洋溢着自信。

以上这些，体现了当时唐朝非常重视对西域的管辖。这一段时期，是唐朝充满自信的繁荣时期，也只有那个时代，才会在没有险峻山势可以凭依、没有天险可以利用的山间谷地修筑大河唐城这样的城池。这就是因为强盛而有的自信！这当然就是在如此平坦草原上修筑城池的最好解释！

建在库舍图岭、莫钦乌拉山间谷地草原上的大河唐城，扼丝路北道之要冲，当熙来攘往，也就有了闸门的意义。城池、守捉、烽驿相望，伊吾军与瀚海军、天山军互相配合，有力地确保了唐朝对西域的治理。

只是安史之乱之后，唐朝开始衰败，昔日雄风逐渐不再，吐蕃人的势力在西域日渐强大。大河唐城可能就是在这一时期被废弃了，在史籍中我们无法准确知道，大河唐城失守时是否惨烈或者悲壮。

历史之所以在巴里坤留下如此的古城,与其重要的地理位置有着直接的关系。史前欧亚草原大通道就已经涉及这里,并留下了大量的遗迹,这要远早于丝绸之路。

这里,烽烟曾经一度四起,战马嘶鸣,旌旗猎猎,刀光剑影。

夕阳斜下的古城变得昏黄而沉重,却也有温度;风雪中的古城更显苍茫悠远,却也有清新和喜悦。

如今这里依旧是绿草如茵,只是周边有了更多的烟

大河古城

火气。附近的村庄里,漂亮的房屋鳞次栉比,往来的游客络绎不绝。人们从四面八方赶来,参观风雪雄关中的大河唐城,从而领略大唐盛世辉煌和衰落的历史。

其实,在这样的古城中或流连徜徉,或走马观花,人们总会有或多或少的体会和收获。呼吸着清新空气,欣赏着大漠景色,回望往日荣光,珍惜当今安宁。

作者简介

于建军,从事考古近30年,主张考古与文学、艺术、人类学相结合。

黄沙烽燧卫西疆

吕 刚

烽燧,也称烽火台,最早可以追溯到距今3000余年前的商周时期,周幽王"烽火戏诸侯"就是那时的历史典故。烽燧主要用于军事预警,作为古代长距离传递信息的重要方式,在汉唐时期发展到高峰。

一、沙堆烽的考古发现

2019年,中国第一次对新疆尉犁县唐代烽燧遗址进行考古发掘,收获了许多重大成果。这座当地人称"克亚克库都克"的烽燧遗址,掩埋在厚厚的黄沙之下。考古队的发掘进程如同抽丝剥茧,在清理了表层浮土后,在可能出现文物的地层,队员们使用手铲和刷子小心翼翼地开展作业,终于在一处"灰堆"(古代垃圾堆)中发掘出土了大量遗物。科学家们结合不同的土层结构和遗物特征,科学分析,对比研究,终于揭开了埋藏千年的秘密。

丝路北道哈密烽燧遗址

研究表明,烽燧为唐代沙堆烽遗址,整体结构完整,功能齐备,隶属于唐代安西都护府下辖安西四镇中的焉耆镇防御圈,被遗弃可能是地处偏僻的原因,基本未遭到人为破坏。

考古发掘持续多年,清理出土各类遗物近1500件,可以形容为一座地下文物"宝库"。出土木简详细记录了"计会交牌""平安火"等部队上的工作交接和日常报平安制度，是国内首次发现的唐代汉文木简实物标本。883件出土文书是国内唐代遗址出土文书最多的记录，清晰地勾勒出唐代戍边将士生活和工作的场景。他们远离家乡亲人，长年驻扎戈壁荒漠，忙时整军备战、种田打猎，闲时读书写信、思念家人，不辞辛劳，卫国戍边。各类军事文书可以说是一座全面反映唐代将士治理边疆、日常生活的档案馆。

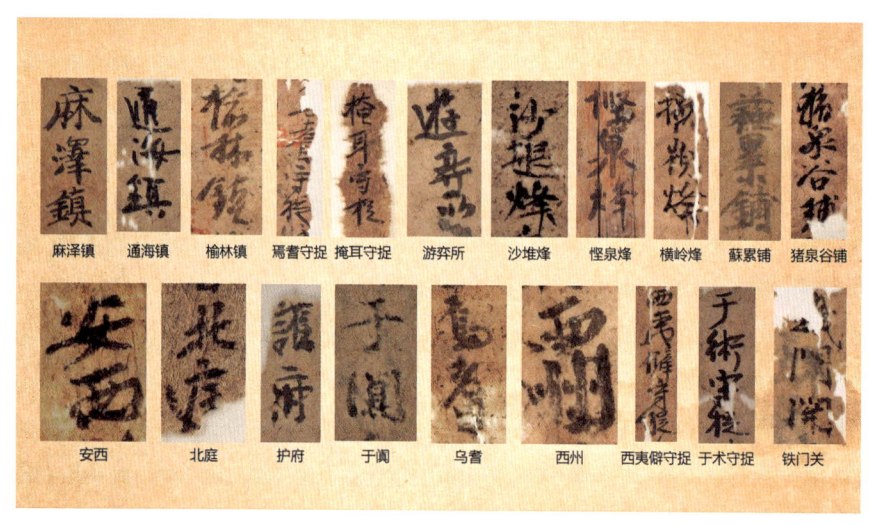

出土文书和木简

二、烽燧管理制度

历史文献记载，春秋战国时不少诸侯国都实行烽燧制度，秦朝统一中国后，开始对烽燧制度进行整合，到了西汉已形成完备严密的体系，对巩固边防起到了巨大的保障作用。

烽燧的工作原理十分简单，一般沿边境线布开，选择地势较高处修建高台，便于士兵登高瞭望观察。烽燧之间的距离以目视最大距离为限，白天放烟，夜晚点火，不同时间和不同方式的烟火，代表对应传达的信息。在没有无线电和电话的古代，这是一种原始直观的联络方式。

在我国，烽燧作为长城防御体系的一部分，是最基层的单位。烽燧规模大小不一，驻兵也不同。最小的烽燧只有一二人，最大的有近30人，出于轮岗换班的需要，通常在6至10人。烽燧内部分工明确，有首领负责指挥，其他士兵从事警戒、巡视、记录、耕作等不同工作。古代烽燧往往建在偏远地带，交通设施落后，后勤补给困难，士兵往往战备值勤时还需兼顾种田打猎，十分辛苦。

三、烽燧在西部边防中的重要作用

新疆位于丝绸之路东段的黄金通道，面积广袤，民族众多，是边疆防御的重点地区。西汉时期，汉武帝刘彻为应对匈奴等游牧民族袭扰，采取类似于今天"下跳棋"的战略：一边以天山各绿洲城市为点，开垦农田，修筑关隘；一边沿路建设烽燧，连点成线，陆续建立起遍布天山南北的烽燧群，为巩固边塞发挥了重要作用。

克孜尔尕哈烽燧

到了唐代，中原王朝面临的威胁已不仅来自北方草原，南方吐蕃和中亚游牧民族势力也日益壮大，因此烽燧体系得到全面加强，可以形象比喻为"卷心菜"战略：主要是以军镇为中心，周围分层设置守捉和烽燧，层层加以巩固，可以有效防范敌对势力侵扰。

经过汉唐数百年的经营，终于建成庞大的西部防御体系，自河西走廊向西至塔里木盆地广大地区，绵延数千公里，沿途烽燧相连、关亭守望，维护着丝绸之路贸易畅通，成为国家主权的历史象征。现在，新疆已发现的长城遗址有200余处，在南北疆主要地区均有分布，历经千年沧桑的烽燧至今屹立不倒，是丝绸之路上宝贵的文化遗产。

四、传承千年的家国情怀

烽燧见证着王朝的兴衰更替，也记录着各民族交往交流交融的悠久历史。沙堆烽文书中既有高仙芝等历史人物的活动记载，也有普通士兵日常生活的记录。出土的焉耆文书和木简，说明祖国边关由中原官兵与少数民族官兵共同戍守，体现出各民族在长期交往中，形成了对多元一体中华文化的深刻认同。

今天的西域烽燧，已不仅仅是一座座古代故址，它所代表的边塞文化，凝聚着国家记忆，蕴含着家国情怀，辉映着历史，也照亮着未来。

作者简介

吕刚，新疆维吾尔自治区文物考古研究所干部，从事管理工作。

西行求法的中原僧人

何芳

中国古典名著《西游记》，记述了唐三藏师徒四人历经九九八十一难赴西天取得真经的故事。历史上真的有很多位去过西天取经的僧人，其中有两位是河南籍高僧，他们是三国时期的朱士行和唐代的玄奘。

朱士行，法号八戒，是三国时期颍川（今河南禹州）人。他是中国历史上第一位正式出家的汉族僧人，也是中国历史上西行求法的第一人。

为求取梵文的原本真经，260年，朱士行从长安出发，踏上漫漫取经之路。他穿越丝绸之路上茫茫戈壁沙漠，经过一年多的艰苦跋涉，历经饥饿困苦，克服艰难险阻，最终抵达西域的于阗（今新疆和田）。

朱士行在于阗如愿求得《大品般若经》梵文原本，亲手抄写90章，总计60余万字。282年，朱士行派弟子弗如檀将所抄经书护送回洛阳。他本人于80岁高龄在于阗终老。

朱士行作为西行求法的先驱者，对佛教的贡献和影响是巨大的。他派人送回的经书被译成汉文，对佛教的流传起到了举足轻重的作用。同时，他的西行求法活动，推动了中原文化和西域文化的交流，也为后世西行求法的僧人树立了绝好的榜样。300多年后，玄奘正是在他的影响下，激发了去西天取经的信念。

玄奘，今河南偃师人，出生于儒学世家，很小就出家为僧，深受佛教文化熏陶。为了寻求佛教的真谛，他于629年从长安出发，走上了一条艰难求法之路。

从大唐西部最后一个军事重镇瓜州往西一直到新疆哈密之间，横亘着号称"八百里瀚海"的莫贺延碛沙漠，这是一片没有生命的死亡之地。即便是常走这条路的商人,每次来回都是九死一生。玄奘完全依靠自己的力量,独自一人带着一匹瘦马进入了茫茫沙漠之中。走了不多久,他就发现自己迷路了,慌乱中又不慎打翻了救命的水袋,绝望中仍抱着"宁可西行而死,绝不东归而生"的决心继续前行,终因过度缺水昏倒在沙漠中。后来,他的马匹凭借本能把他带到了一片绿洲旁,玄奘和马匹得救了。玄奘靠着坚毅的信念,终于走出了沙漠,经伊吾(今新疆哈密)到达高昌(今新疆吐鲁番)。

在吐鲁番的吐峪沟村,有两件与玄奘有关的重要文物,隐隐透露着玄奘与高昌这一段特殊的往事。在吐峪沟一座倒塌的寺庙中,发现了一件古代佛经残片,佛经卷首写着"三藏法师玄奘奉诏译"几个字;另一件是在吐峪沟石窟里,发现了迄今为止存世年代最早的《大唐西域记》残卷。

离开高昌后,玄奘爬雪山、过草原、穿戈壁,历经几年的磨难,最终抵达佛国天竺(今印度)。玄奘为了寻找佛经典籍,走遍了天竺全境。

学有所成后,玄奘启程回国,沿丝绸之路南道东行。645年,玄奘携带经卷657部、佛舍利150粒、佛像7尊回到大唐的都城长安。长安城举行了盛大的欢迎仪式,宰相房玄龄等人隆重迎接玄奘的归来。唐太宗李世民还在洛阳亲自召见了他。之后,玄奘将带回的佛经收藏于慈恩寺中。今天,大慈恩寺大雁塔仍屹立于西安市中,成为一处名胜古迹。

玄奘回国后,由他口述、其弟子辩机

玄奘塑像

笔录的《大唐西域记》，成为全世界研究亚洲文明历史的重要文献之一。书里记录了玄奘西行亲身游历西域各城邦和国家的所见所闻，内容包括各地的地理、历史、经济、宗教、语言、文字、艺术、民俗、货币、传说等，是研究西域及中亚地区古代史、宗教史、中外关系史的重要文献。玄奘逝世后，他的弟子慧立和彦悰将他取经的事迹写成《大慈恩寺三藏法师传》。这也是研究唐代中西交通及西域、中亚、南亚民族的语言和宗教等极为珍贵的资料。

此外，玄奘奉唐太宗之命翻译取回的佛教典籍，直至他去世为止，20余年的时间，先后译出佛教经典75部1335卷，1300多万字，在我国佛教典籍翻译史上开创了一个新的时期。

西行求法的中原僧人

作者简介

何芳，新疆龟兹石窟研究所文博副研究馆员。

大将筹边嵩武军

何芳

清代诗人杨昌浚在去新疆的途中,曾写七言绝句《恭诵左公西行甘棠》:"大将筹边尚未还,湖湘子弟满天山。新栽杨柳三千里,引得春风度玉关。"这首诗颂扬了清朝将领左宗棠率领湘军收复和治理新疆的伟大功绩。

19世纪60年代后期,在沙俄的指使下,中亚浩罕汗国的军官阿古柏带兵入侵新疆,擅自建立政权,对新疆各族人民实行野蛮掠夺和残暴统治,妄图把新疆从我国分裂出去。1871年,沙俄又悍然出兵侵占新疆伊犁。一时间,整个西北边疆危急,中华民族危急。

1876年,左宗棠临危受命,率兵进军新疆。在左宗棠收复新疆的部队里,不只有湘军,还有一支非常特殊的队伍——嵩武军。这是一支土生土长的河南军队,由清军将领张曜在河南招募,有步队12营、马队2营,共计14营约6000人。

由于新疆路途遥远,沿途还有著名的莫贺延碛大沙漠,流沙数百里,大军行进中粮草和人畜饮水是一个很难解决的问题。嵩武军在张曜的统领下,作为西征军的前锋部队,1874年先行开拔,

张曜

出玉门关,驻守于新疆哈密。他们在哈密兴修水利、屯田积谷,并建立了从甘肃、内蒙古、宁夏运输军粮的三条路线,保证了西征军的粮草供给。1988年,在哈密市柳树泉农场发现了左宗棠西征碑。该碑记述同治末光绪初,左宗棠命张曜在哈密屯田积粮、整修天山运输道路的史实,实证了嵩武军作为前锋部队对西征军后勤保障所作的贡献。

1876年,左宗棠统帅的西征大军,采取"先北后南,缓进急战"的方针进军新疆。1877年4月,张曜率嵩武军从哈密驰骋500余公里,参加了会攻吐鲁番的战役。嵩武军在吐鲁番战役中战功赫赫,张曜等将领得到清政府奖赏。随后,嵩武军又参加了收复南疆的战役。在嵩武军的大力配合下,刘锦棠率领的湘军先后收复了喀什、和田。至此,新疆除伊犁之外全部收复。

在沙俄的指使下,叛匪白彦虎和阿古柏之子的残部经常在边境一带侵扰。驻扎于阿克苏的嵩武军在张曜率领下,追剿残匪昼夜奔驰,人不解甲,马未卸鞍,迫使残匪无立足之地。剿灭了边寇,维护了社会安定,嵩武军威名远扬。

1880年,左宗棠制订了三路收复新疆伊犁的军事计划。张曜率5000嵩武军从阿克苏出发,作为中路主攻军队,沿特克斯河直赴伊犁。最终,清政府与沙俄于1881年2月24日签订了《中俄伊犁条约》,伊犁重新回到了祖国的怀抱。

张曜因出色的文治武功,被清政府授予帮办新疆军务大臣,实施复兴南疆的规划。张曜统帅嵩武军马步14营,又节制防营、维、柯马队11营旗,从阿克苏移驻喀什噶尔(今新疆喀什)一带,总办南疆喀什噶尔、英吉沙尔(今新疆英吉沙)、于阗(今新疆和田)、叶尔羌(今新疆莎车)四城的边防善后及各种交涉事宜,全面负责南疆军政事务。他们安抚战后返回家乡的大量难民,发给难民赈粮、籽种、牛具等,还在南疆兴修水利,大力发展屯田。由于南疆气候温和,适宜植桑养蚕,他们便从浙江湖州一带招募熟练的养蚕技工赴新疆传授经验技术,并在阿克苏、喀什噶尔、于阗等地设立蚕桑局，大力推广蚕桑养殖，繁荣了新疆地方经济。同时，他们还改革税制，统一了新疆与内地的赋税制，提高了农民生产积极性，使新疆社会经济得以长足发展。1884年，马步9营离开新疆，调防直隶（今山东）。

嵩武军与新疆各民族手足相亲，守望相助，休戚相关，荣辱与共，共同生产生活，消灭了阿古柏势力，抵御了外来侵略，维护了主权和领土完整，维护了祖国统一。

作者简介

何芳，新疆龟兹石窟研究所文博副研究馆员。

坎儿井：流淌千年的地下运河

爱特肯·乌斯满

新疆地处欧亚大陆腹地，其首府乌鲁木齐更是有着"世界上离海洋最远的城市"之称，同"火洲"吐鲁番、"死亡之海"罗布泊、中国第一大沙漠塔克拉玛干沙漠等向世人诠释了"无水之境"是何种概念，而坎儿井的存在便有力地佐证了新疆在古代丝绸之路上的重要地位。

坎儿井，是"井穴"的意思，就是地下水道，是新疆特有的水利灌溉方法，集中分布于新疆吐鲁番地区，与万里长城、京杭大运河并称为"中国古代三大工程"。

历史上，新疆吐鲁番坎儿井总长曾达到 5000 公里，被誉为"中国最长的地下河"。名气较大的是米依木·阿吉坎儿井，它由 250 个竖井及 5 公里地下渠

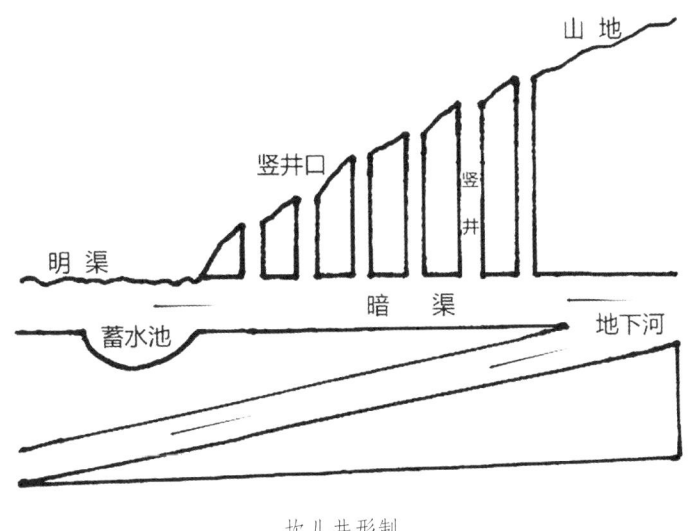

坎儿井形制

第三章 历史的记忆　093

道组成，日灌溉面积达 4 万平方米。坎儿井因其特殊的历史文化价值和科学实用价值，2006 年被列入中国世界文化遗产预备名单。

资料显示，至少距今 4000 年以前，中原地区先进的耕作技术逐渐进入西部地区，推动了当地农业的发展。张骞出使西域之后，汉朝开始在西域屯田，井渠法随之传入。

魏晋时期，孙楚在其撰写的《井赋》中曾描述过井渠的形制：凿井而通过崇丘引泽水，形成清流；汇聚地下泉水并流出土壤而"重见天日"。这同坎儿井的形制十分相像。

在新疆干旱少雨的条件下，能够最大程度利用冰雪融水和雨水成为坎儿井的优势。竖井是汇集冰雪融水和雨水的入口，也是为开挖暗渠（地下渠道）过程中提供定位、运送沙石和通风提供便利的通道。受到山势影响，通常会采用木棍定位挖法保证暗渠畅通，在这过程中，竖井也为方便挖掘工人通行起到了十分重要的作用。暗渠作为汇聚水流、减少水分蒸发的最佳方式保证地下河流的通畅，最后通向明渠和蓄水池部分，使得当地百姓在旱季也能够拥有丰富的水资源。

一条坎儿井根据出水量的大小，可以浇灌数十亩至数百亩不等的农田，历史上曾对当地百姓生产生活的方式起到了决定性作用。千百年来，在空旷寂静的戈壁滩上，坎儿井滋润着一片片生机盎然的绿洲文明，凝聚着中原同西域缔结的浓厚友谊，孕育了丝绸之路上灿烂的文明，交河故城、高昌故城如今的苍凉雄壮，吐峪沟石窟、柏孜克里克千佛洞所蕴含的文化底蕴，无不与坎儿井数千年不断的涓涓长流息息相关。

清道光二十五年（1845 年），林则徐在被遣戍伊犁的过程中，经过吐鲁番时发现了当地人称为"卡井"的设施，对这种大型地下水利工程感到惊艳不已。林则徐戍边期间，针对新疆农业发展的需求，大兴水利之事，掀起兴建坎儿井的一股风潮。当地百姓感念林则徐的功劳,也将坎儿井称作"林公渠"或"林公井"。

在挖井取水的过程中,不乏诸多求生存谋发展的动人故事,例如皇家十六井的故事就在民间广为流传。距离新疆吐鲁番盆地水资源丰富的阿拉沟山区不远处,有着大片戈壁滩,荒滩上奇迹般地存在着一大片坎儿井竖井口,在这片坎儿井的终点就是一个人畜兴旺的村庄。这片井口数下来共有16道,即为人们口口相传的皇家十六井,也称皇家官方坎儿井。

新疆吐鲁番坎儿井内景

这处坎儿井于1847—1862年由黄冕率兵挖掘。后来,参与掏挖坎儿井的屯垦士兵留了下来,清政府便将皇家十六井交给这些士兵进行日常保护。屯垦士兵就以各自名字来命名,比如老吴坎儿井、马氏坎儿井、洋娃儿坎儿井。这些名字至今还在向我们讲述着当年士兵们在坎儿井投入使用后满怀骄傲和自豪的故事。

清光绪六年(1880年),左宗棠在新疆时又增开数处坎儿井。20世纪60年代至今，因为机电井迅速发展，坎儿井的数量锐减。2009年，国家文物局启动了坎儿井保护与利用工程，采用传统工艺与现代技术相结合的方法维修加固坎儿井。

坎儿井作为新疆绿洲居民赖以生存的水源获取途径，养育了一代又一代边疆居民，其中凝结的不仅是古代劳动人民的不朽智慧，更是中原同西域人民经济文化交流的历史见证。

坎儿井：流淌千年的地下运河

作者简介

爱特肯·乌斯满，新疆维吾尔自治区文物考古研究所干部，从事管理工作。

第四章 生物的播迁

新疆文物话"春牛"

阿迪力·阿布力孜

牛在新石器时代就被人类驯化,距今至少有7000年的历史。在中国的十二生肖之中,牛排名第二,这一排位也被演绎出很多有趣的故事。其中为人熟知的是这样一个典故:天地未开之时,混沌一片,鼠于夜半之际出来活动,将天地间的混沌状态咬出缝隙,"鼠咬天开",因此子时属鼠。天开之后,接着要辟地,牛可耕田,是辟地之物,"地辟于丑",因此丑时属牛。

自古以来,牛的作用是以农耕为主的。在南方,牛下水田;北方,牛犁土地。《周易》中,牛为"坤卦"的象征物,代表生养万物的大地,具有极高的象征意义。据史书记载,每到立春节气,官府都会举行"鞭打春牛"仪式,以示春耕开始,以祈求丰年。

新疆何时有牛?这考证起来比较困难,但至少两三千年前牛已经出现在新疆的许多地区。近年来,考古人员在新疆的一些岩画中发现了栩栩如生的野牛形象,还在墓葬遗址中发现了不同质地的牛俑,有木牛、泥牛,甚至金牛。不难看出,牛在新疆农业生产中占有重要地位。昭苏县夏塔古墓中还出土了一件汉代铁犁铧,证明距今2000年前,新疆的农业生产中已出现了犁耕。

考古发现揭示,随着汉唐以来中原地区与西域地区政治、经济、文化交流的不断深入,包括立春迎土牛、迎农祥在内的许多农耕习俗陆续传入西域地区。吐鲁番市阿斯塔那墓葬群出土的木雕牛俑、泥塑牛俑,就反映了古代新疆居民春耕时节的迎春习俗。

阿斯塔那187号墓出土的一尊黑斑牛俑,是1000多年前的唐代泥塑艺术作品。

牛俑高 17.5 厘米，长 22 厘米，以木棍做骨架，表面涂泥土掺和的熟泥，上施彩色。泥牛头微昂前伸，粗壮结实的脖颈僵直，肩部暴凸一个峰状肉脊，四肢伫立，呈现出站立的姿势。泥牛通体施白，然后施黑彩，形成黑色斑纹，黑白分明的眼睛目视前方，形象生动地展示了家牛形象。

阿斯塔那 336 号墓于 1960 年出土的一尊泥塑卧牛俑，是唐代的艺术作品。泥牛神态安详地卧于地上，长 12.7 厘米，高 6.5 厘米，全身敷黄彩，形态敦实丰肥。牛背脊骨突出，尾巴弯曲朝上贴于后背。泥牛口微张，好像正咀嚼着草料，呈现出休憩时的情景。

唐代泥塑黑斑牛俑

唐代泥塑卧牛俑

阿斯塔那墓葬群中也出土了一尊北朝时期的木牛俑。该牛俑身体肥壮，形象朴实，四足撑地。正面观察这尊木牛俑，你会发现牛鼻上穿有一个小环，它就是用于牵牛的桊。关于桊，《吕氏春秋》记载了一个有趣的故事。战国时期秦国大力士乌获用全身的力气拉牛的尾巴，牛尾巴被拉断，牛还是纹丝不动，有一个矮小瘦弱的小孩拉着牛鼻子上的桊，牛就乖乖地跟着他走了。《说文解字》中曰："桊，牛鼻中环也。"1923 年，山西浑源县李裕村出土了一个牛俑，其鼻上有一个明显的桊。牛鼻上穿一个环，有利于人们拉牛耕地，是牛被驯服的重要标志。吐鲁番盆地地势低洼，土壤肥沃，日照充足，地下水丰富，自古以来就是新疆农业生产的主要地区之一，而牛耕在农业生产中是不可缺少的。

阿斯塔那墓葬群出土的泥牛俑和木牛俑，与立春时节流行的"鞭春牛"习俗有关。据说鞭春牛是为了提醒耕牛：春天来了，该下地干活了。人们舍不得鞭打真牛，便用泥土捏成土牛鞭打。鞭春牛活动最初主要在中原地区进行，是以中原地区为主的迎春习俗，北朝至唐朝时期逐渐向全国各地扩散。晋唐时期，中原的百姓大量迁入吐鲁番地区，也将中原许多优秀文化带到西域。吐鲁番古墓出土的牛俑，反映了农耕文化中的立春习俗在西域地区的流传。

汉朝时期，汉朝政府在西域各地屯田，并且使用中原铁犁铧这种先进的生产工具。1976年昭苏县夏塔墓葬里出土的一件汉代铁犁铧，通体锈蚀，保存基本完好，与中原铁犁铧相似，是中原先进的犁耕技术在新疆推广的有力证据。

作者简介

阿迪力·阿布力孜，新疆维吾尔自治区博物馆文博研究馆员。

天山骏马跃中国

王淑卫

马是一种很有灵性的动物,在中国老百姓的心中,它有时候是与龙比肩的,人们将传说中的一种骏马叫作龙马。龙马精神是一种中华民族自古以来奋斗不止、自强不息的民族精神。先祖们认为龙马即仁马,它是黄河的精灵,代表了中华民族的主体精神和崇高道德。马在中国的十二生肖中位列第七,属中坚力量,有着承前启后的作用。《易经》说"乾为马",因此马又代表着君王、父亲。

天山脚下奔腾的骏马

古时良马多出自西域。"西域"一词正式出现于史书中,始于汉宣帝任命郑吉为"西域都护",当时中亚、西亚地区均被称为"西域"。清代乾隆时期官修《西域图志》,对西域的范围,给予了解释:"其地在肃州嘉峪关外,东南接肃州,东北至喀尔喀,西接葱岭,北抵俄罗斯,南接番藏,轮广二万余里。"

西域古时以游牧民族为主,马背和草原是他们的家。为方便中原与西域的牛马贸易,汉代时中央政权便在边境设关市,被称为"马市"。当时的马市是"以物易物"的方式交换商品,西域的游牧民族多用马匹换取中原的铁器、盐、布等。及至明朝,马市尤为繁荣,各地的开市日明显增多,交易数额日趋扩大,除马匹外,羊皮、蘑菇等游牧民族的土特产的交易日渐增多。马市这种互通有无的交易方式,推动了中原与西域的经济文化交流,极大地促进了中原农耕文明与西域游牧文明的融合发展。

古时马的地位隆盛,它不仅作为战马出征,在交通和农耕中,亦是有着举足轻重的地位。秦朝商鞅变法时便颁布《厩苑律》,规定:"盗马者死,盗牛者加(枷)。"

汉武帝酷爱良驹,朝思暮想地想得到一匹千里马,他曾让人用《易经》占卜,

叼羊比赛中的骏马

爻辞说"神马当从西北来"。张骞出使西域时从乌孙国带回宝马,汉武帝便将张骞带回的马命名为"天马"。

古时战马是重要的军事力量的象征,帝王征战均有宝马伴身。曹操坐骑名为"绝影",曾拼死救曹操一命,这匹战马是西域汗血宝马;刘备驾骑名为"的卢",辛弃疾为其作词,"马作的卢飞快,弓如霹雳弦惊";明长陵的祭殿两侧雕刻有8匹骏马,无声地昭示着明成祖一生中8次主要战役的赫赫战绩;康熙大帝3次御驾亲征,坐骑均为西域汗血宝马。

战马伴随着它的主人南征北战，为国家统一与民族融合发展作出巨大贡献，许多散落在历史长河中关于战马的动人故事证明了战马不可替代的重要作用。此外，马作为农耕文明时期重要的交通力量，也促进了经济的繁荣与社会的进步。

唐朝时西域为方便向唐太宗献马，修了一条漠北通往长安的大道：参天可汗道。这条道路的存在，极大地提升了西北与中原的政治、文化和贸易往来，也是中国"大一统"的雏形，当时的回纥人奉唐太宗李世民为"天可汗"。

唐太宗时期，西域南路的交通要道开通了，西域自此年年向唐朝皇帝献马。朝贡献马便成了西域与中原感情交流的纽带。

《虢国夫人游春图》（唐代）

唐太宗李世民横戈跃马大半生，先后有6匹骏马跟随他征战。他命人将这6匹马的形貌刻成浮雕（昭陵北面祭坛东西两侧的6块石刻骏马浮雕）陪他，这便是"昭陵六骏"："特勒骠""青骓""什伐赤""飒露紫""拳毛䯄""白蹄乌"。"昭陵六骏"的名字很奇特，在带有明显的地域性特征的六骏中，排在东侧首位的是"特勒骠"。"特勒骠"便是西域的汗血宝马，为李世民平定宋金刚时的坐骑。当时一战，李世民驾着"特勒骠"一昼夜交战数十回合，连打8次硬仗，李世民凭借此役收复大唐发祥地——太原，以及河东失地。

据《后汉书·西域传》记载:"蒲类国出好马。"这里的蒲类国便是现今天山脚下的巴里坤。位于巴里坤草原的伊吾军马场始建于1954年,先后为国家输送军马、民马21600多匹。巴里坤马已被列入《新疆维吾尔自治区畜禽遗传资源保护名录》。

从1958年至今,新疆伊犁马经过6个育种阶段的改良,目前已广泛分布于我国西北、华北等地,对中国马匹改良的推进起到了不可忽视的作用。1984年,伊犁马被作为国礼赠送给摩洛哥国王哈桑二世;伊犁昭苏马场现已培养了"国宾仪仗马""国礼马"近400匹,马全产业链产值过100亿,居全国首位。

新疆天山大草原,孕育了驰骋于中华大地的骏马。昨天,作为军事力量象征的战马的历史悄然退场;今天,它作为沟通国际桥梁的"使者",作为"国宾马""国礼马"一跃成为中国新的民族气节和民族精神的象征,屹立于世。

作者简介

王淑卫,新疆作家协会会员,哈密市作家协会理事,哈密融媒体网络作家。

天山的雪莲哈密的瓜

管仕红

新疆地大物博，物产丰富，天山的雪莲、哈密的瓜对很多人来说早已不陌生了。古丝绸之路的开通和繁荣，促进了中外文化交流，不少西域物产也通过丝绸之路进入中原。

早在1000多年前，在《优钵罗花歌并序》中，盛唐诗人岑参就细致入微地描写了生长在雪域高原的珍贵物种——雪莲。"优钵罗花"，是由梵语音译而来的，也就是雪莲花。虽然当时的雪莲花没有像王维《送刘司直赴安西》诗句"苜蓿随天马，葡萄逐汉臣"中的苜蓿、葡萄一样在中原生根发芽，但岑参诗歌的传诵给中原人带来了对雪莲花无限的想象空间。

天山雪莲

雪莲是国家二级保护野生植物，是一种高原多年生珍稀菊科药用植物，主要产自新疆和西藏，是维吾尔族、藏族特有的中草药。清代《本草纲目拾遗》中记载："其地有天山，冬夏积雪，雪中有莲，以产天山峰顶者为第一。"天山雪莲生长在天山山脉海拔4000米左右的悬崖陡壁之上、冰碛岩缝之中。天山雪莲因独特的生存习性和生长环境而具有较大的药理作用、药用价值，而且还发挥着保护生态环境的重要作用。一棵野生雪莲从幼苗长到开花至少需要3至5年时间。雪莲在每年的7至9月间开花，花如拳大，花蕊紫色，外包着白玉色或淡绿色的半透明膜片，被称为"西域奇花"。

新疆独特的地理环境不仅孕育了天山雪莲这种珍奇的中草药，还赋予了哈密瓜独具特色的味道。

哈密瓜

哈密瓜又名雪瓜、贡瓜。新疆栽培哈密瓜已有4000多年的历史，是世界甜瓜种植资源基地之一，还是中国甜瓜栽培历史最悠久、种植面积最大、品种资源最丰富、品质最佳的地区。明代冯梦龙评纂的《太平广记钞》中记载："汉明帝阴贵人，梦食瓜，甚美。时敦煌献异瓜种，名穹窿瓜。""穹窿"即甜瓜的维吾尔语，今译音"库洪"。这是甜瓜在中国历史上的首次记载。根据记载可知，在东汉永平年间，哈密瓜作为进贡的异瓜种被送进了汉王室。至清代，哈密王将哈密瓜作为贡品呈给康熙皇帝，受康熙赏赐而得名"哈密瓜"。

2003年8月，哈密瓜获得原产地证明商标。近50个哈密瓜种植区遍布哈密、吐鲁番、昌吉、石河子等地。2009年3月30日，国家质检总局批准对哈密瓜实施地理标志产品保护，哈密瓜成为中国国家地理标志产品。

哈密瓜品种资源十分丰富，有180多个品种。营养丰富的哈密瓜，含糖量最高可以达到21%，成为新疆甜瓜的总称。人们按其成熟期的不同，将哈密瓜分为早熟、中熟和晚熟三个品种。早、中熟的被称为夏瓜，晚熟的被称为冬瓜。"远方的客人快下马，请你尝块哈密瓜……"一曲《请你尝块哈密瓜》旋律优美，令人百听不厌。

2015年7月10日，由新疆维吾尔自治区哈密地区行政公署和河南省对口支援新疆工作前方指挥部联合主办的"首届哈密瓜进中原"推介活动在新疆哈密农产品（郑州）交易馆启动，6000吨原产地哈密瓜被送到了家门口，距哈密2000多公里的河南人民吃到了正宗的哈密瓜。私人定制的"密作臻品"哈密瓜更是作为一份份哈密礼物走进中原，受到大家的青睐。同时，通过互联网的远程直播，人们可以感受到千里之外的哈密瓜从播种到收获的全过程，还可以一睹哈密瓜"密作师"和哈密瓜传承人的风采。"友谊之瓜"让两地的人民共同品尝到了生活的甜蜜。

哈密地处敦煌与吐鲁番之间，中原文化与西域文化等多民族文化在这里交融。哈密是新疆唯一横跨天山的地方，浓缩了新疆最具代表的人文地貌及风土人情，被誉为"新疆的缩影"。"吐鲁番的葡萄哈密的瓜，叶城的石榴人人夸。库尔勒的香梨甲天下，伊犁苹果顶呱呱……"这首民谣让河南人民知道了很多新疆的植物和瓜果。

一直以来，天山的雪莲、哈密的瓜让我们引以为傲。只有各民族团结一家亲，才能共享凝聚了各族人民深厚情谊的瓜果香甜。

作者简介

管仕红，新疆作家协会会员，哈密市作家协会副主席。

穿行在丝路上的大枣情

管仕红

丰收的季节，新疆的一片片枣林硕果累累，每棵枣树上都挂满了红彤彤的果子。新疆的新郑枣业基地更是一派繁荣景象，大红枣压弯了枝头，素有"新郑大枣甜似蜜"之说。

新郑枣，体积不大，肉质较为松软，湿度稍大一些，适合拿来当零食吃；新疆枣，个大皮薄、核小肉厚、干而不皱，适合长期贮藏。新郑枣和新疆枣不仅维生素含量高，还是滋补良药呢，枣树叶、花、果、皮、根、刺及树枝均可入药。作为一种重要的食品工业原料，枣可以制成蜜饯和果脯，做成枣泥、枣面和枣醋等。

我们爱吃的红枣，别看它个头小，其历史可以追溯至新石器时代，距今已有8000年的种植历史了。1978年，河南新郑的裴李岗文化遗址曾出土一枚8000年

新疆红枣

前的炭化枣核,成为照亮中原农耕文明的一缕曙光。这枚枣核说明,早在人类文明开始前,红枣就在新郑这块土地上枝繁叶茂。

从古至今,人们种枣,变着花样儿吃枣,研究枣文化。不管是文人雅士,还是劳动人民,运用自身的智慧,采用诗歌、故事和谚语等不同形式的艺术创作来尽情展示红枣的文化魅力。新郑与枣有着深刻渊源。相传,中华民族的人文始祖黄帝在新郑创造了"枣"字。早在3000年前的《诗经》中的诗文"八月剥枣,十月获稻",是中国关于枣的最古老的著述。中国第一本独立词典《尔雅》是我国第一部记录、解释枣品种的书。古代名人鬼谷子、杜甫、白居易、苏东坡、文天祥、纪晓岚等都曾以枣作诗。

红枣是五果之首,因其用途广泛、食药同源,被称为最具代表性的木本粮食。在民间,红枣一直有"铁杆庄稼""保命树"的美誉。在饥荒年代,以枣代粮、以枣充饥成了新郑等地区人们维持生计的重要方式。在革命战争年代,革命老区延安的人们拥军爱党,家家户户都拿出了珍贵的小米和红枣,你一把小米我一把红枣地支援红军。老区人民对大红枣有着一种更为深沉的感情,"大红枣儿甜又香,送给咱亲人尝一尝。一颗枣儿一颗心,心心向着共产党……"歌词真挚优美,至今拨动着我们的心弦。因此,红枣又被赋予了英勇顽强、不怕牺牲等内涵,成为革命者的底色。

红枣文化是中华民族文化的重要组成部分。灾荒之年,枣是济世的救命粮;婚嫁喜庆

硕果累累的大枣

时，枣是祝福的吉祥物。在中国传统节日里，端午节的红枣粽子、中秋节的枣泥馅儿月饼、腊八节的腊八粥，都离不开红枣，中国人以枣来祈盼吉祥。而在中国传统的二十四节气当中，雨水、霜降、小寒等多个节气都有关于吃枣的习俗和养生建议。

2010年，新疆哈密大枣通过国家地理标志保护产品认证。2011年，中华人民共和国农业部批准对新疆洛浦县特产"和田御枣"实施农产品地理标志登记保护。2016年，新郑"好想你"枣业正式落地哈密。很多新郑人来到新疆，在"好想你"枣业基地从事种植、技术指导、管理等工作，施展着自己的才华，实现着自己的理想。如今，"连心枣"已成为河南和新疆的纽带，"好想你"枣业基地促进了经济发展，推动了民族融合稳定。

北至天山脚下，南至昆仑山麓，有雪水浇灌的地方，就有中原红枣的身影。豫新两地，各民族群众早已结下深厚情谊，穿行在丝路上的大枣情甜蜜而醇香。

作者简介

管仕红，新疆作家协会会员，哈密市作家协会副主席。

洛阳牡丹绽放新疆

赵克红

时光荏苒，历经沧桑巨变的洛阳城，作为丝绸之路东方起点之一，隐藏着太多无法言说的秘密。2000多年前的雄关古道上的声声驼铃，仿佛还在诉说着当时驼队的往来故事，也见证了洛阳丝路的印记。2007年，在发掘隋唐洛阳城外郭城正南门定鼎门遗址时，考古人员发现了90米宽、南北走向的唐代路面，清理出了密集的车辙、动物蹄印、人的脚印等。其中，一个长约20厘米的蹄印格外引人注目，后经专家鉴定为骆驼蹄印。这就意味着"沙漠之舟"曾出现在隋唐洛阳城的南大门定鼎门外大道上。

定鼎门遗址博物馆

洛阳是继西汉长安之后汉魏时期丝绸之路的东方起点。汉魏洛阳城虽已湮灭，但丝绸之路并未中断，代之而起的是隋唐洛阳城。隋唐时期，政府非常重视和西域的关系，花费大量人力、物力、财力促进西域经济文化的发展。隋炀帝就曾两次在洛阳大规模招待以西域人士为主的各方来宾，并举办国际性的贸易大会。武则天设置北庭都护府，与安西都护府共同保护了丝绸之路的畅通无阻。2014年6月，汉魏洛阳故城作为"丝绸之路：起始段和天山廊道的路网"中国段首批申遗点，被列入世界文化遗产名录。哈密，古称伊州，是新疆的东大门，自古就是丝绸之路的咽喉，张骞、班超、玄奘、马可·波罗都曾在哈密驻足。洛阳作为丝绸之路的东方起点之一，也有大量的丝路元素，人们用的乐器琵琶、洛阳人喝汤时爱加的芫荽（香菜）均来自西域，它们都在有意无意地诉说或传承着丝路的故事。时光越千年，千年情相牵。洛阳牡丹始于隋、盛于唐、甲天下于宋，至今已有1500多年历史。"庭前芍药妖无格，池上芙蕖净少情。唯有牡丹真国色，花开时节动京城。"唐代诗人刘禹锡的《赏牡丹》，不仅写出了牡丹艳压群芳的国色天香，也描绘了民众赏花的热闹场景："洛阳地脉花最宜，牡丹尤为天下奇。"欧阳修的《洛阳牡丹图》更是道出了洛阳得天独厚的地理环境和牡丹文化的悠远厚重。今天的牡丹花早已成为洛阳的一张城市名片、一个文化符号。它让洛阳与丝绸之路上另一座历史名城哈密，虽远隔万水千山，仍可再续千年情缘。如今，哈密成为洛阳援疆的对口城市，多个文化、教育支援项目不断开展。这两个丝绸之路经济带重要节点城市，虽相隔数千里，却因牡丹深度交融，在文旅产业发展上携手并进，上演了一段以花为媒的佳话。

2002年到2012年，洛阳市与哈密市多次接洽，力促洛阳牡丹在哈密落户安家。洛阳市先后挑选3500株牡丹种苗和500株芍药种苗，送往位于哈密市东的新疆生产建设兵团，在第十三师红星一场扎根。这批牡丹品种以抗寒性较强的洛阳红、凤丹为主，还有长势旺盛的胡红、银红巧对等多色系的牡丹品种。经过悉心培育，这些牡丹依次绽放，向天山脚下的哈密人民展示着国色天香的盛世容颜。

国色天香的牡丹花在哈密盛开,是个稀罕事,花开时节,迎来了一批又一批的观赏者,洛阳牡丹带着洛阳人的深情厚谊,将寓意富贵吉祥的祝福送给哈密人民。

2015年国庆节前,洛阳市再次将经过筛选的20多个品种5000株洛阳牡丹,引种至哈密,让这批"远嫁"的牡丹克服了水土不服的困难,于2016年春末夏初在哈密盛开。如今,在哈密市的小区、公园、广场,露地种植的牡丹已达数万株。每到初夏时节,哈密街头花香四溢,国色天香的牡丹扮靓了伊州大地。哈密的市民不用去远方,就可以与美丽的牡丹花亲密接触。哈密市的张先生将拍下的牡丹

哈密牡丹争奇斗艳

花发到朋友圈,立刻就有人回复:"这是哈密吗?哈密怎么会有这么多好看的牡丹?"张先生说,希望家门口有更多的牡丹花和芍药花,希望洛阳人与哈密人的友谊越来越深厚。"何人不爱牡丹花,占断城中好物华。疑是洛川神女作,千娇

万态破朝霞。"人们喜欢牡丹花，不仅因为它高贵艳丽，还因为牡丹花是吉祥幸福的美好化身，是繁荣昌盛的象征。当甲天下的洛阳牡丹洗尽铅华谢幕之际，2000多公里之外的哈密，牡丹才开始修饰妆容，靓丽登场。两座相隔数千里的城市，以花为媒，共同谱写出了丝绸之路经济带上文化交往、交流、交融的新篇章。

洛阳牡丹绽放新疆

作者简介

赵克红，中国作家协会全委会委员、河南省作家协会副主席、中国铁路作家协会副主席。

第五章　非遗的传承

新疆二十四节气

张己

千年之前，人们观日月盈昃，看万物生长，春播秋收，寒来暑往，依据轮回变换的自然现象，把一年分为二十四节气。

新疆，位于中国西部富饶神奇的地方，巍峨天山，将新疆分为北疆和南疆，盘踞在东天山下的哈密盆地，又被称为东疆。

当吹度玉门关的第一缕春风，温暖巴里坤湖面的冰，西域最早的农耕文明，就在这片土地发源。在这里，我们寻找农耕文明在西域的痕迹；在这里，我们一起读懂二十四节气在新疆的印记。

花开花落，望眼四季。在新疆，按照二十四节气的规律，不难发现世代生活在西域的人对农耕传统遗产的沿袭。多年以后，耕耘在这片土地上的人们，依然传承和守护着这份看不见的遗产。

立春渐暖，南疆绿洲，雨水微微。雨水至，春耕忙，勤劳的南北疆人开始忙碌起来。

惊蛰，万物生发，吐鲁番的杏花如约绽放。惊蛰总是会下小雨，春风吹度玉门关，巴里坤城的柳树渐次发芽。一座城总是在披上葱葱绿色的时候，有了新的活力。一抹绿、一声鸟叫、一段虫鸣，在过去与未来之间奏起乐章，搭起桥梁。玉门关外，新疆的哈密、吐鲁番和喀什，却也已踏入惊蛰的时节。微雨漫漫，水稻等待拔节，农户施肥、修剪，田间开始了农忙景象。

在西北偏北的新疆，春天正儿八经是从惊蛰开始的。在儿时的记忆里，惊蛰能吃上一口野菜饺子，那叫"咬春"，是孩童对春天最大的期待。一张面片，把整个春天包在里面，吃进胃里，香在心里，如此才不辜负这个美丽的季节，不辜负春光与岁月在新疆的山水之间蕴藏着的延续千年的传统习俗。

春分，在新疆和诺鲁孜节巧妙相逢，这也是少数民族朋友们的"春节"。在喀什地区，人们把五谷和羊肉一起熬成粥，载歌载舞，迎接新年。而在万山之祖慕士塔格山下，塔吉克民族守护着山和水，在这里游牧生息，传承千年。春分这天的肖贡巴哈节，他们会点燃篝火，取水祭祀……

一年一清明，一岁一追思。在这个传统节日，人们致敬英雄、缅怀英烈、追念先辈、感悟精神，也亲近自然、迎接新生。俗语说得好，清明断雪，谷雨断霜。正是人间四月天，踏青赏花正当时。清明前后的新疆，降雪天气逐渐收场，杏花、苹果花和梨花竞相开放。

立夏暑气渐烈，小满杏子成熟，芒种种秋田。夏至，西域的荷花也开了，最难耐的是大暑。可是，夏天对于新疆，却有着十分重要的意义。天气酷热，山区的积雪开始融化，形成无数条小溪，汇聚着千百条小河，一路高歌，浩浩荡荡，最终造就塔里木河的滚滚向前。无数的农田、庄稼、树林，贪婪地吮吸着这大地的甘霖。

清明时节绽放的花儿

入夏后的喀什老城，绿萝和爬山虎沿着有民族风格图案的墙壁一直蜿蜒爬到屋顶。屋顶上，鸽子离架，盘旋在老城上空。孩子们的笑声始终萦绕在老城的每条巷子里。孩子们的欢声笑语会让经过这里的人始终难忘。

秋分以后，气温逐渐降低，所以有"白露秋分夜，一夜冷一夜"和"一场秋雨一场寒"的说法。在白露与寒露之间，一般会举办赛马和叼羊比赛。或许秋天，更像是对劳动者和参与劳动的动物的一次检阅和回馈。人们在春天赋予土地真诚的汗水，盼来秋季满满收获。天气转凉，硕果累累，草盛马肥，马背上的狂欢成为新疆民间庆贺秋收的最佳仪式，健壮的巴郎子和健壮的马儿完美配合，羊在彼此之间传送，骑手们来回争夺。

新疆的秋天是丰富的。在多民族居住的新疆，中秋节也同样成为家庭团圆的日子。中秋的伊宁市，夜色渐暗，老街孩子们的笑声也歇了，一轮明月照亮夜空。

大雪以后气温逐渐变冷，人们都十分注意保暖。有句俗语叫作"小雪腌菜，大雪腌肉"。大雪节气一到，阳台上挂满了腊肉、香肠，形成一道亮丽的风景。

据说冬季采冰习俗，已传了千年。在新疆哈密地区，人们就是把哈密瓜放在冰

冬季采冰

块里保鲜，送到了北京，皇帝吃了，赐名哈密瓜。而伊犁、喀什、和田等地的沙朗刀克，也是在冬季采了冰，夏季用来制作饮料。

大寒前后，天气进入了一年的极寒时期。天山下的人们凿冰声咔咔，冰碴飞溅，采冰人立于冰面上劳作，夕阳将他们的影子缓缓拉长。等到夏天，这些冰块将出现在巴扎里、夜市上，尤其在入暑后，陪伴新疆人度过难耐的暑热。一块冰，通过这样的方式用冬天的寒冷拥抱夏天的酷暑。

土地的回报，对每个人都是一样的。期许自己和传承农耕的人们一样，不负岁月与春光。

作者简介

张已，自媒体博主，摄影师。

中医也度玉门关

张大明

新疆位于祖国西北部,包括在古称西域的广大地区内,天山贯穿其境。西域各族人民与中原地区自古有着广泛的交流,中原地区的医风药香,千百年来已经度过西域门户玉门关,泽及天山南北。

现存最早的中医典籍,秦汉时的《黄帝内经》,就总结了西域地区的地理、气候、致病因素、居民的体质及医药情况,记载了当地居民多食肉、体强健,治疗宜选药性峻烈的药。

到了两汉时期,张骞和班超先后开通西域、平通汉道,使中原与新疆地区的医药交流日渐频繁,在新疆出土的医药文献中反映了这一过程。出土于吐鲁番的《汉兽医方木简》,说明至少在汉代,中原医药文献已经传到了新疆。其他中原医药文献也在不同时代先后传入,如在和田、楼兰等地区出土了《魏晋医方》《脉经》《针经》《明堂五脏论》《诸病源候论》《唐人选方第二种》《本草经集注乙本》和《刘涓子鬼遗方》(甲乙卷)等很多件汉文医学残卷残片。新疆维吾尔自治区博物馆收藏有一张唐代的记载方剂的页片,字体飘逸洒脱,盛唐风采十足,所载内容为经方"小青龙汤",是《伤寒论》中治疗咳嗽的名方。这说明最晚在唐代,新疆地区已经运用经方治疗

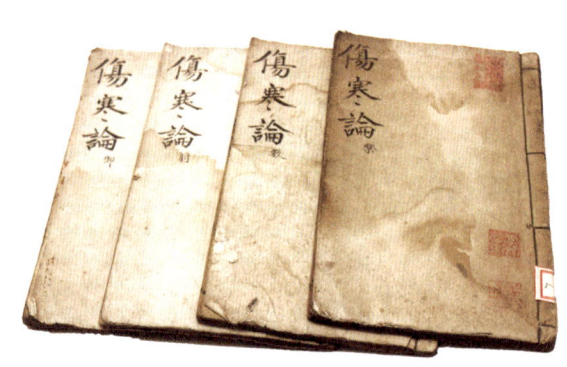

《伤寒论》

疾病。这些文献对于新疆医药的发展，对新疆各族人民的健康产生了深远的影响。

维吾尔民族医学是在继承了新疆历史上各少数民族医学的基础上形成的，其中也有中原医学的影响，如在吐鲁番出土的汉文《耆婆五脏论》。书名虽以印度名医耆婆的名字命名，却有很多和中原医学相关的内容，反映了中原医学中的五脏、五行等思想。

交流从来不是单向的，新疆的医药也对中原医学产生了相当的影响。西汉张骞出使西域，带回了许多西域中药及药食用品，其中包括胡桃、胡蒜、胡豆、石榴、红花等。中原最早的药物学专著《神农本草经》，也收载了胡麻、硫黄、鹿角、羊角等西域药材。产于西域天竺的诃黎勒（诃子），也是当时传入的药物之一。东汉时医圣张仲景撰写的《伤寒杂病论》中，有一名方，名"诃黎勒散"，利用诃黎勒涩肠止泻的功能，治疗腹泻。这表明东汉时中医对新疆传入的部分药物已经能够充分了解，并有效运用。

到了唐代贞观年间，唐政府在西域各州设置医疗机构，掌管疾病治疗并进行中医教育。西州（今吐鲁番）的中医创制了"西州续命汤"，治疗中风疗效卓著。此方传入中原后，经过唐代名医孙思邈加减化裁，改名为"小续命汤"，成为治疗中风病的良方。宋代整理出版的张仲景的《金匮要略方论》中，选入了"小续命汤"，使得此方随着《金匮要略方论》在全国的流传而广为传播。唐代国家药典《新修本草》中，收入了近百种西域道地药材，有绿盐、阿魏等。这些来自西域的药物不断充实中药的宝库，丰富了中药的品种，扩大了治疗范围，这一过程一直持续到明代。

近现代以来，新疆和中原的医药交流更加频繁。1876年左宗棠率领湘军收复新疆后，为纪念阵亡的湘军，在迪化（今乌鲁木齐）修建了定湘王庙。庙中设定湘五药店，派有医官在药店坐堂，为居民免费治疗疾病。随后，迪化又逐渐开设了如"凝德堂""元泰堂""育生堂""德聚堂""杏林春""永盛堂"等中药店，推动了中医药在新疆的普及。

为了改善新疆缺医少药的状况，1918年，新疆医学传习所在迪化设立，招收各族学员学习中医，所学课程主要有中医经典、方书、本草、诊法等。1921年，第一届毕业的学员被分配到全疆各地任医官，促进了中医在新疆的传播。

1949年后，新疆与中原的医药交流展开了新的篇章。1958年，陈苏生、汪大充、赵昆等一批著名中医来到新疆，行医授徒，充实了中医药专业队伍。1961年，新疆第一所中医学校改制，采用全国统编教材教学。毕业生分配到全疆各地，成为基层医院的骨干力量。1962年以后，中原著名中医院校的毕业生相继来到新疆，带来了中原的中医药学术信息，提高了新疆中医药队伍的素质和学术水平。1981年，中医学术杂志《新疆中医药》创刊，发行全国，更加方便了各地间的学术交流。

中医也度玉门关

现在，新疆各地城市多有中医医院，中医与维吾尔医药、现代医学，在新疆形成了三足鼎立的良好局面，互为补充，交相生辉，共同为新疆各族人民的健康发挥着巨大作用。

作者简介

张大明，中医副主任医师，中医文献研究者。

新疆古代各民族服饰

阿迪力·阿布力孜

公元前138年和公元前119年张骞两次出使西域，开通了丝绸之路。公元前60年西汉在西域设立西域都护府，对西域进行有效的管理，保证了东西方交通的畅通，使西域与中原的经济文化交流更加频繁。当时中原的丝绸开始大量进入西域，对西域服饰产生了很大的影响，具有中原文化风格的丝绸，越来越受到西域居民的喜爱。

1959年，新疆民丰县尼雅墓地出土的"万世如意"铭文锦袍，是汉代精绝国人的文化遗存，上面的茱萸纹、云纹和汉字铭文，图案精美，花纹繁复，表现出中原文化的艺术风格。尼雅墓地还出土了黄绢和白绢缝制的单帽、贴身衬衣、裙袜、手套等，这些服饰的丝绸面料均来自中原。

"万世如意"铭文锦袍

唐代是中国封建社会经济发展的鼎盛时期，丝绸之路的畅通和西域社会经济的发展，使西域服饰呈现出多姿多彩的风貌。生活在西域的粟特、回鹘等民族大胆吸纳中原服饰的多种元素，同时保持着自己独特的风格。从吐鲁番墓发现的泥塑胡人俑来看，少数民族男子头戴的幞头，是中原汉人的一种头饰，与泥塑人物

第五章 非遗的传承

所穿的圆领袍、腰带、皮靴，构成了唐代中原男子服装服饰的主要特征。幞头这种头饰为西域各民族普遍使用，是我国各民族间密切往来的见证。另外，唐代吐鲁番女子的丝绸服饰的形制与中原汉族十分相似，当时的吐鲁番女子大都喜欢中原风格的襦裙装。

9世纪中后期，新疆境内出现了高昌回鹘、喀喇汗、于阗三个政权。当时这三个政权心向中原，与中原王朝都保持着密切的联系。高昌回鹘男子所穿的圆领长袍，与唐朝中原流行的圆领袍十分相似。回鹘男子大都穿圆领、长及脚踝骨的长袍，袖口窄小，膝盖以下侧面开衩。贵族阶层大多用质地精美、色彩鲜艳的大红锦缎，腰间系带，带上挂有各种饰件，反映了当时高昌回鹘人沿袭了中原着圆领袍的穿着习俗。

高昌回鹘女子也喜欢穿有中原特色的丝绸服装，而且和中原女子一样喜欢梳发髻，特别是回鹘贵族妇女创造了著名的回鹘髻。这种发髻高耸，用饰件把发型固定住，有的妇女头上梳着三个以上的发髻，用长绢将头发罩住。

清朝时期，中央政府进一步加强了对新疆的管理。1698年，哈密地区的维吾尔族首领额贝都拉因协助清军平息准噶尔部叛乱，被康熙皇帝在北京召见嘉奖。回到哈密后，额贝都拉将赏赐的财物和刺绣服饰带回官府，引发了贵族们极大的兴趣。额贝都拉特意从中原请来数十名绣娘，为

《簪花仕女图》节选（唐代）

当地妇女传授刺绣技艺。梅兰菊及牡丹等中原视为吉祥如意的花卉,成为哈密刺绣绸面上最大的主角;鸟兽和水果则寓意着典雅优美,石榴表示多子多福。这些都是典型的源于汉族的吉祥文化、福寿文化。靠着家族传承和拜师授艺,哈密刺绣的一针一线、一花一木,延续至今,心灵手巧的维吾尔族绣娘在服饰上绣出五彩斑斓的中原图案,流露出对美好幸福生活的向往。

新疆古代不同时代、不同地域的服饰都各具特色,精彩纷呈。汉朝统一西域后,新疆与中原的政治、经济、文化交流从来就没有停止过,特别是中原的丝绸对西域服饰产生了较大的影响,深受新疆各族人民的喜爱。哈密维吾尔族服饰上中原特色的刺绣图案流传至今,维吾尔族对中华文化的认同感不断增强。

作者简介

阿迪力·阿布力孜,新疆维吾尔自治区博物馆文博研究馆员。

"三国热"在新疆

——《三国志·吴书·孙权传》残卷中的书法

朱虹

《三国志》是中国二十四史之一,由西晋史学家陈寿所著,是记载三国时期曹魏、蜀汉、东吴的纪传体断代史。1000多年后,元末明初的小说家罗贯中根据《三国志》,通过文学艺术加工,创作了小说《三国演义》。"三国热"在中国无论地区民族,无论男女老少,长盛不衰,历久弥新,在新疆的传播历史可追溯到1600多年前的晋代,令人惊叹不已。

新疆曾出土过两件《三国志》残卷,一件于1924年在吐鲁番鄯善县出土,其内容为残存《虞翻传》至《张温传》部分内容,原件已流入日本;还有一件就是珍藏在新疆维吾尔自治区博物馆的《三国志·吴书·孙权传》残卷。这件《三国志·吴书·孙权传》是1965年从吐鲁番英沙古城(又名安乐城)之南、距城北苏公塔

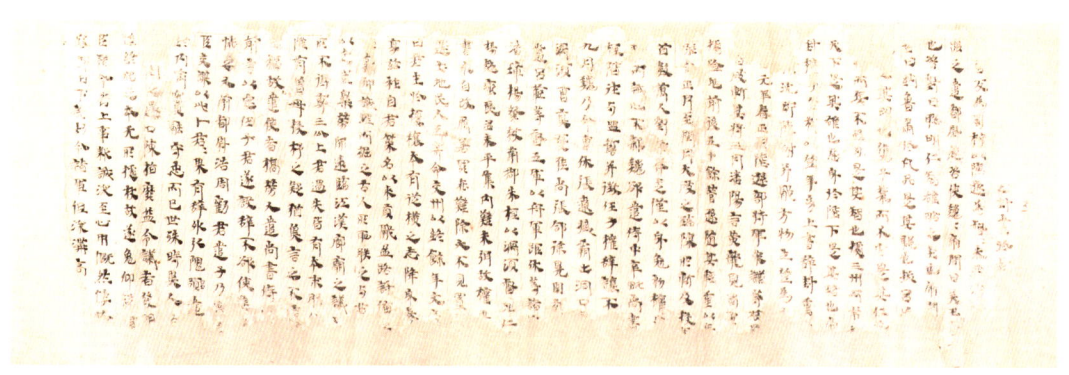

《三国志·吴书·孙权传》残卷(晋代)

一公里左右的一座佛塔遗址出土的。当时考古人员发现了一个陶瓮，瓮内便装着这件和其他佛经残卷，还有桦树皮汉字文书、两片梵文贝叶和其他写本等。《三国志·吴书·孙权传》残卷长72.6厘米，宽23厘米，为纸本，文字书写在"乌丝栏"即墨线格子中，残存40行，约570字，其内容与传世的宋刊本内容基本一致，被认定为中国现存最早的《三国志》手抄本。

当人们在新疆维吾尔自治区博物馆"遇到"《三国志·吴书·孙权传》时，有的赞叹"三国热"的魅力如此之大，在魏晋时就得到新疆人民的喜爱；有的对比《三国志》成书和它当时在新疆传抄的时间，对新疆自古与中原地区历史相沿、人文相关、根脉相连的紧密联系有了更深的认识；还有大批的书法爱好者，对《三国志·吴书·孙权传》残卷的书法艺术津津乐道。

郭沫若先生在《新疆新出土的晋人写本〈三国志〉残卷》一文中写到，《三国志》残卷的"笔捺极重，隶书气味很浓"。隶书是汉字字体之一，由篆书发展而来。直观地看隶书，字形"矮墩墩"，横长竖短，捺笔好像一只曲线优美的脚丫子。而一眼望去《三国志·吴书·孙权传》，字形没有隶书的矮胖身形，却是比例匀称；笔画没有"蚕头燕尾"的明显特征，整体样子也看不出隶书的一板一眼，而是有着提顿分明、流畅自然的印象；不过全篇最抢眼的当属它的捺笔，每个捺笔书写都好像一只珠圆玉润、重重的胖脚丫子——综合看来，《三国志·吴书·孙权传》正是晋代书法隶、楷兼具特点的反映。更有意思的是，很多青少年朋友看到《三国志·吴书·孙权传》时，都说上面胖胖的捺笔好像现在用于卡通设计的娃娃体的样子，很是活泼可爱呢！

以小见大看《三国志·吴书·孙权传》——无论是大家感慨的1600多年前"三国热"在新疆的传播，还是众多书法爱好者对其书写艺术的探讨，抑或是孩子们用今日流行视角的观察，新疆出土的《三国志·吴书·孙权传》残卷无疑是中华文化深厚根基和中华民族共同体意识的缩影之一。魏晋南北朝时期，中原政权承汉朝制度一如既往对新疆地区行使统辖和管理权。为此，以千年古都、丝绸之路起点之一的洛阳为中心继续带动辐射新疆地区，两地各民族你来我往、杂居共处、交流共融，在政治、经济、教育、文化等方面一脉相承，共同推动了"各美其美、美美与共"中华民族多元一体的形成与发展。回望新疆2000多年的变迁，还有很多像《三国志·吴书·孙权传》残卷一样的历史"亲历者"。它们说：变化的是岁月，不变的是中华民族始终如一的情感。

作者简介

朱虹，新疆维吾尔自治区博物馆馆员。

奶茶结缘源远流长

王淑卫

近几年,老少咸宜的奶茶作为流行饮料风靡世界。在新疆各地,一直流传着"宁可一日无食,不可一日无茶",奶茶更是新疆家家户户每日必不可缺的饮品。哈萨克族人直接把吃饭叫作"卡依依苏",就是"喝茶"的意思。新疆虽然不产茶叶,但是新疆奶茶却是新疆的非物质文化遗产。

煮奶茶的妇人

中国的茶文化源远流长。早在四五千年前,神农氏遍尝百草,发现茶可以入药,成为较早的"药茶同源"。张骞出使西域后,大量奶制品由西域传入中原,与茶叶完美结合,奶茶应运而生。南北朝时期,王肃提出"茶为酪奴",意思是"茶为奶的伴侣"。这应该是流传下来的第一次对奶茶的记载。唐代,陆羽所著的《茶经》是中国现存最早、最完整、最全面的一部关于茶的专著。此书在"七之事"《广雅》中对茶叶的采摘与加工进行了详细的解释:"荆巴间采叶作饼,叶老者,饼成以米膏出之，欲煮茗饮，先炙令赤色，捣末，置瓷器中，以汤浇覆之，用葱、姜、橘子芼之。其饮酒醒，令人不眠。"

从唐代开始，中原地区与西北地区的茶马贸易日渐盛行，中原的茶叶源源不断地来到西域。西域草原居多，游牧为主，游牧文化以肉食为主，茶既可消食解腻，又含多种维生素，茯砖茶便成了当地少数民族日常生活必需品。因为散茶运输到西域耗时又费力，茶商便将茶叶重新包装成石块茶，从此砖茶开始盛行西域。新疆奶茶，便是由砖茶熬制。

古代西域，各地之间交通不便，信息闭塞，市井茶馆便成为人们饮茶、休憩、社交，以及了解外情、洽谈生意的场所。维吾尔族人饮茶已有上千年历史，砖茶更是他们招待客人的重要茶品。新疆与内地饮茶方式不同，砖茶有暖胃解腻的功效，可让干燥、坚硬的馕瞬间软糯可口。

新疆奶茶，最早由西藏传入。藏民将茶叶熬煮后，加入酥油、盐、香料，由此诞生了咸奶茶——酥油茶。由于酥油的加入，奶茶的品质有了明显提高。当藏族人忙于推出新品奶茶的同时，爱茶的唐德宗发明了酥煎茶，这大概可以证明奶茶在唐代就已经出现了。明末文学家张岱，又在奶茶的发展史上添上了浓墨重彩的一笔。张岱对茶成痴，尤喜奶茶，市面上的奶制品已经不能满足其对品质的要求。他养了一头奶牛，挤出鲜奶后放置一夜，形成奶皮，再将奶皮加入茶中熬制。"玉液珠胶，雪腴霜腻；吹气胜兰，沁入肺腑"表达了张岱对自制奶茶的赞美。

至清朝，奶茶的发展愈加升级。据《钦定总管内务府条例》记载，从皇帝到皇子，每人每日供应奶茶的量，是以奶牛头数为计量单位的。乾隆皇帝亦爱茶，有《宫中进单》表明，清朝皇宫用的茶叶主要来自福建、云南、江苏、浙江等府县，而整个紫禁城每年消耗的茶叶量巨大。

随着丝绸之路的繁荣，奶茶广泛传播到世界各地。新疆人民从西藏带来了奶茶的制作方法，并改良了奶茶的制作工艺，改良后的奶茶很快流行于新疆和内蒙古各地。不久，奶茶传入印度，印度人又在奶茶中添加了香辛料和蔗糖来提升口感。印度的奶茶被英国人再次改良，用鲜奶提升品质，又加入柠檬等，随后风靡整个欧洲。香港人民受英国奶茶、甜点的影响，改进英国奶茶，制成了今天的港式奶茶。台湾同胞又将一种名为"粉圆"的地方小吃放进奶茶里，产生了珍珠奶茶。现在，世界各地多以甜奶茶为主，迎合了当下的流行口味。

　　新疆奶茶依然沿袭古老的做法。新疆伊犁特克斯县有哈萨克族人经营的奶茶馆，哈萨克族奶茶又叫"苏特夏依"。苏特夏依以茯砖茶熬制，再与牛奶、水、盐精心勾兑，咸香四溢，沁人心脾，已被列入伊犁州非物质文化遗产代表性项目。伊犁街头的奶茶店大多由哈萨克族苏特夏依制作技艺的传承人经营着。

　　在新疆，无论是在哈萨克人的毡房里，还是在塔吉克人的蓝盖力下，都可以看到有两层壁的纯铜水壶，烧水、煮茶可同时进行。茯砖茶煮好后，一步步加入奶茶的伴侣：牛奶、奶皮子、盐巴、酥油……一碗芳香扑鼻的奶茶，滋润着每一

奶茶飘香

个热爱生活的人。

  一滴露珠可以折射太阳的光辉，一片绿叶可以显示大地的生机。奶茶文化的发展历史，显示出西域文化和中华文化同宗同源、万里同风。从古至今，祖国各族人民都在同一片土地上携手共进，共同传承和弘扬着中华优秀传统文化。

作者简介

  王淑卫，新疆作家协会会员，哈密市作家协会理事，哈密融媒体网络作家。

从朝阳沟到大漠胡杨

——豫剧唱响新丝路

管仕红

"祖国的大建设一日千里,看不完说不尽胜利的消息。农村是青年人广阔天地,千条路我不走选定山区……"《朝阳沟》优美的唱段穿越时空,至今仍回味悠长。城市姑娘银环和栓保相约,为了农村的大发展,高中毕业后到栓保家乡朝阳沟一起参加农业生产劳动。在劳动过程中,银环的思想虽发生了几次改变,但她最终回到了朝阳沟。梳着两条黑油油长辫子、身穿红格子翻白领上衣、肩挎长吊带绿格子书包的银环,成了那个时代鲜明的人物形象代表。《朝阳沟》以鲜活的语言唱词、真实的人物形象、浓郁的生活气息,构成了一部经典的豫剧现代戏。

豫剧发源于河南开封,也叫河南梆子,与京剧、黄梅戏、评剧、越剧并称为中国五大剧种。豫剧是我国最大的地方剧种,是中国传统文化孕育出的舞台表演艺术。豫剧历史悠久,早在清代,就已成为河南很有影响的戏曲剧种。豫剧广泛汲取了昆腔、吹腔、皮簧及其他梆子等的曲调,大量吸收了河南民间的曲艺说唱和俗曲小令,内容多与劳动者的生产、生活息息相关,以丰富细腻地呈现普通民众的思想情感、中华民族的传统美德见长。豫剧现代戏塑造了生活化、乡土化的典型人物,以真挚而朴实的故事情节深入人心。

1954年,新疆生产建设兵团成立,开启了新中国屯垦戍边的新篇章。一批批军垦创业者、各方支援者,殚精竭虑投身兵团建设,用热血和青春为兵团事业贡献了终身。河南籍的有志青年扎根兵团时带来了豫剧,并让豫剧与当地文化相互交流融合,发展成为兵团文化艺术的重要组成部分。豫剧与中原文化血脉相连,并经常吸纳来自中原大地的源源不断的营养，豫剧之花得以在天山脚下常开常新。

新疆生产建设兵团屯垦戍边

1954年，豫剧大师常香玉率团进疆慰问演出后，豫剧在新疆的发展更加迅速。1959年，兵团诞生了第一个专业豫剧团体——新疆生产建设兵团豫剧团。如雨后春笋般，各地兵团也纷纷成立了豫剧团。豫剧团致力于豫剧传承，积极培养戏曲人才。一个豫剧演员深厚的表演功底往往是数十年如一日坚持磨炼的结果，而豫剧也通过演员精湛的表演走进田间地头，走进学生团队，使豫剧艺术在新疆遍地

"戏曲进乡村"系列活动

开花。同时，豫剧团既继承了传统豫剧的流派和唱腔，又不断地进行了创新，采用少数民族的一些表现风格，结合当地的人物故事，呈现出豫剧新的风采。

"戏曲进校园"系列活动

豫剧团从本土的故事中收集素材创作出大量的好作品，《草原情》《邻里情》等现实题材剧目，反映了新疆各族人民的美好生活，体现了民族大团结；《天山人家》《大漠胡杨》《戈壁母亲》等军垦题材剧目，表达了人民群众热爱祖国、勇于奉献的精神。豫剧演员在演绎少数民族人物时，表演的抖肩、扭脖子、翻手腕等极具少数民族特色的动作，很受当地群众欢迎。在继承传统豫剧的基础上，豫剧团大胆创新，将传统戏曲与现代歌舞巧妙地结合在一起，不仅满足了观众的传统审美需求，而且现代歌舞的融入也让更多的年轻人喜爱豫剧艺术。

2006年5月20日，河南省申报的豫剧被国务院批准列入第一批国家级非物质文化遗产名录。2021年5月24日，新疆生产建设兵团申报的豫剧被国务院批准列入第五批国家级非物质文化遗产代表性项目名录扩展项目名录。韵味独特的豫剧在新丝路上落地生根，大放异彩。

"大漠哇，你把我洗礼把我磨炼，折一根胡杨枝，我把人生写完，我把人生写完……"《大漠胡杨》讲述了内地青年段香妮响应党的号召，从河南来到新疆，投身兵团建设的故事。从支边青年到军垦战士,从青春到老迈,该剧经过艺术刻画,再现了兵团屯垦戍边的光辉历史,讴歌了伟大的兵团精神。

从朝阳沟到大漠胡杨,豫剧在新丝路上唱响,非物质文化遗产的无限魅力吸引着天山南北的各族人民代代传唱。

从朝阳沟到大漠胡杨

作者简介

管仕红,新疆作家协会会员,哈密市作家协会副主席。

第六章　英雄的丰碑

"新疆号"战鹰飞往抗日前线

管仕红

　　七月的乌鲁木齐市,到处花团锦簇、生机盎然。在天山区胜利路392号,一幢两层高的小楼在绿树掩映下,显得格外静谧低调。小楼外墙上,一面面红旗迎风展,大门两侧挂着两块铜质牌子,上面分别用汉文和维吾尔文镌刻着董必武先生的题字:八路军驻新疆办事处纪念馆。1962年,该旧址被市政府命名为"革命烈士纪念馆",1965年10月被更名为"八路军驻新疆办事处纪念馆",2000年被团中央列为全国青少年教育基地。在纪念馆中,一件件发黄的文物,无声倾诉着峥嵘岁月所谱就的壮美乐章。其中,"新疆号"战斗机的档案,引得无数来参观的青少年驻足。历史没有忘记,中国共产党人在新疆播撒革命种子,让星星之火在天山南北燃起燎原之势。

　　1937年7月7日,抗日战争全面爆发。为了推动各界爱国人士参加抗战,中国共产党在迪化(今乌鲁木齐市)设立八路军办事处。1937年至1942年间,受中共中央指派,邓发、陈潭秋、毛泽民、林基路等革命先烈在新疆组织抗日救亡运动。其中,陈潭秋、毛泽民、林基路在狱中仍与敌人英勇不屈地斗争,最后壮烈牺牲。

　　抗日战争时期,新疆虽地处祖国西北边陲、经济不甚发达,却积极支援全国抗战,成为抗战的大后方之一。天山儿女与祖国同在,践行了以爱国主义为核心的伟大民族精神。在"一切为着抗战胜利"的口号号召下,新疆各族同胞为购买飞机而展开了广泛的募捐活动,以自己的实际行动支援抗日前线。

　　"天下兴亡,匹夫有责"的爱国情怀体现在每个普通家庭中,一颗颗滚烫的爱国之心汇聚成无私支援前线的大爱。当时,新疆到处是捐款、捐物的动人场景:一位78岁的老太太,家中没有值钱的东西,唯一值钱的就是戴着的金耳环,她摘下来捐了出去;温宿县有一位维吾尔族妇女阿提克汗,丈夫去世时给她留下了27个金元宝,当得知左邻右舍都在捐款、捐物时,她没有一丝犹豫,拿出了全部金元宝;喀什的一位农民,尽管生活十分贫困,却捐了一袋小麦,那是她在烈日下一穗一穗捡来的。许多少数民族同胞捐出了自家的挂毯、绸缎、衣服、牛、羊、毛驴……

新疆的抗日募捐活动持续时间长、范围广。截至1938年9月,全疆收到各族民众捐献的现金已达新币24.1亿两(当时在新疆流通的货币以"两"为单位),折合大洋60余万元。新疆省政府用捐款购买了10架战斗机,并全部命名为"新疆号"。《新华日报》刊发了以"新疆同胞献机十架"为题的报道。1938年8月24日,10架"新疆号"战鹰从乌鲁木齐东郊机场飞赴抗战前线,参加了"武汉保卫战",成为该战役中重要的空中力量。

八路军驻新疆办事处纪念馆

6年多时间里,新疆各族人民在中国共产党号召下为抗战前线捐献了154架战斗机,有力地支援了保家卫国的前方将士,有力地支援了全国人民的抗日战争,为夺取这场民族解放战争的胜利贡献了一份力量。

今天阳光明媚,12岁的阿尔帕提·衣达尔和爸爸去参观八路军驻新疆办事处纪念馆,感受依然闪耀的抗战精神。参观后,她拉着爸爸的手说:"我要珍惜今天来之不易的幸福生活。"透过一张张发黄的照片,她仿佛看到"新疆号"战鹰在天空翱翔。

作者简介

管仕红,新疆作家协会会员,哈密市作家协会副主席。

青山依旧在

简单

几年前,我有幸在伊吾见到了当年参加"伊吾四十天保卫战"的老战士,和曾经指挥过这场战斗的河南籍副营长胡青山的遗孀舒彦女士。每每回想起这场惨烈的战斗的细节,老战士都不禁老泪纵横。那些老战士的泪水中,饱含着对那些将热血浸透伊吾的战友们的怀想;他们的记忆中,共同铭刻着一个人的名字——胡青山,他冲锋在枪林弹雨中的身影至今依旧高大挺拔。

时间定格在1950年的新疆。那时,新疆时局不稳。以尧乐博斯和乌斯满为首的叛匪成了蒋介石手中欲搅乱新疆的两枚棋子,他们不停地制造事端。二人手下最多时有武装匪徒近6000人。

胡青山

同年的初春3月,中国人民解放军第六军十六师四十六团一营二连奉命进驻伊吾县城,这支108人的连队是由胡青山率领的。当时的胡青山年仅27岁,虽年纪不大,但他的名字在革命队伍里已是传奇般的存在了。胡青山1922年在河南省滑县出生,17岁参军,18岁加入中国共产党,抗日战争时期因杀敌勇猛被多次评为英雄模范。后来,他毅然加入新疆解放战争中,率兵驻守伊吾,自此,威名远扬。

二连进驻伊吾后,胡青山就召开战前动员会,号召战士们誓死保卫伊吾。与此同时,尧乐博斯与乌斯满开始密谋袭击这支人数不多的解放军队伍。他们在伊吾外围布下3000名重兵,切断了二连与外界的联系,勾结伪县长艾拜都拉,并派出700余名土匪悍然向伊吾发动了进攻，并放言3天拿下伊吾城。因此，伊吾保卫战正式打响。此时的伊吾，已然是一座孤城，陷入重围之中。

战斗第一天，熟悉地形的匪徒偷偷潜入县城，率先抢占了制高点北山和东山，二连驻地就暴露在敌人居高临下的火力范围之内。

面对7倍于己的敌人，胡青山临危不惧，他派出4个精锐班抢夺战斗制高点，以便将被动化为主动。临行前，胡青山对战士们说："伊吾百姓的安危就在这次夺回制高点的任务里，勇者胜，懦者必败！"在他的鼓励下，战士们将这场恶仗打成了一次经典的高地争夺战。自此，制高点北山和东山牢牢控制在解放军手中。

当晚，为防止敌人偷袭，胡青山一直未合眼。他不断地提醒战士们要提高警惕，但漆黑的夜还是给了熟悉地形的匪徒们可乘之机。凌晨3时许，数百匪徒开始对北山进行疯狂反扑。当发现黑压压的一片影子在山腰间移动时，胡青山大喊一声："敌人上来了！"紧接着，他就把枪里的一匣子弹打了出去。随后，攻守双方枪声大作。突然，胡青山发现阵地上的机枪不响了。他飞身跑到机枪阵地，发现机枪手已倒在血泊中。胡青山立刻操起机枪将弹雨泼向已登顶的一股匪徒。在一片鬼哭狼嚎后，匪徒败下阵去。就在这个间隙，胡青山清点了二连的伤亡和弹药情况，他对战士们说："我会与你们一起坚守住阵地，决不退缩半步！"

在短短40天里，这支百余人的队伍在胡青山副营长的指挥下竟然打退了敌人7次疯狂进攻和无数次夜间袭扰，直到接近弹尽粮绝。

参加过伊吾保卫战的一名老战士说，有一个场景让他至今难忘。那是被匪徒火力封锁补给线的第10天，那一夜，伊吾还下起了暴雪，饥寒交迫让即将弹尽的战士们陷入危险境地。胡青山将省下的炒麦粒分给受伤的战士充饥，而他，已两天没有进食了。老战士每每讲到这个场景，都抑制不住流下眼泪。就在弹尽粮绝的紧要关头，一匹训练有素的枣骝军马承担起了战士们的全部希望，它每天都会沿小路驮着给养往返于县城与阵地间,为前线战士运送弹药、食品和水。在伊吾保卫战的40天里,这匹军马在枪林弹雨中穿梭了40余次,可谓功勋卓著。

经过二连40天艰苦卓绝的坚守,援军顺利到达伊吾,"伊吾四十天保卫战"以胜利告终。在40天的鏖战中,二连有32名战士壮烈牺牲,他们用自己的血肉之躯粉碎了匪徒妄图破坏新疆解放的阴谋,维护了祖国领土的完整与统一。

为表彰二连坚守伊吾城40天的英勇事迹,西北军区授予该连"钢铁二连"的荣誉称号,指挥作战的胡青山被授予"特等战斗英雄"荣誉称号,并受到国防部原部长彭德怀的嘉勉。那匹在保卫战中出生入死的枣骝军马,被军委批准荣立三等功,并做出"不做退役处理"的决定。

值得一提的是,那匹枣骝军马在战斗胜利17年后老死于伊吾,战士们将它葬于北山主峰之下。那些在伊吾四十天保卫战中英勇牺牲的战士们,在战斗胜利的19年后,被安葬进伊吾烈士陵园。他们的事迹正如陵园大门两侧的那副对联所写:"英雄浩气贯长虹,光辉长照后人心。"胡青山在伊吾保卫战胜利后不久就

枣骝军马雕塑

离开新疆去军校深造,再后来,他主动请缨去了西藏军区的中印边境驻守,直到他因病脱下军装转业到了徐州。从此,这个来自中原的铁汉子再也没有回过伊吾,但伊吾却留下了这个河南籍军人的传奇故事。

作者简介

简单,原名李炜,文化学者,专栏作家,新疆作家协会理事,哈密市作家协会原主席。

天山丰碑英雄路

管仕红

"我要向革命先辈学习,他们的崇高精神让我肃然起敬,我长大了要为社会多作贡献!"在乌鲁木齐市明德路29号的毛泽民故居纪念馆参观时,一位叫王超的初三学生感慨道。

在毛泽民故居纪念馆里,游客驻足观看《毛泽民生平事迹展》,认真聆听那段可歌可泣的革命故事,重温那段波澜壮阔的革命历史。陈列柜内摆放着毛泽民和家人在新疆时曾使用过的物品,一个煤油炉和一台破旧的手摇缝纫机尤其引人注目。不仅是毛泽民故居纪念馆,还有中国工农红军西路军总支队纪念馆、乌鲁木齐市烈士陵园,每到一处,我们都被革命先烈激励着。在八路军驻新疆办事处纪念馆,以陈潭秋、毛泽民、林基路为代表的中国共产党人在新疆进行抗日救亡运动的史料对外展出,他们在狱中不屈不挠与敌人斗争的悲壮事迹至今令人动容。

乌鲁木齐市烈士陵园的人民英雄纪念碑

第六章 英雄的丰碑 145

在乌鲁木齐市烈士陵园，人民英雄纪念碑在青松中巍峨耸立。陵园中，乌鲁木齐烈士事迹陈列馆和陈展馆向我们展示了烈士们的英雄事迹。1942年夏，军阀盛世才逮捕了许多进步人士，公然走上反共的道路。接到党中央要求在新疆工作的共产党员全部撤离的通知时，中共中央驻新疆代表和八路军驻新疆办事处负责人陈潭秋临危不惧："党交给我的任务，是把大家全部安全地撤出去，只要这里还有一个同志，我就不能走！"1942年9月17日，陈潭秋、林基路等同志被捕，1943年9月27日惨遭杀害。

与陈潭秋同时就义的还有时任新疆省财政厅、民政厅厅长的毛泽民。在狱中，面对多轮秘密审讯和种种酷刑，他坚贞不屈。最终，他被敌人秘密杀害，牺牲时年仅47岁。现如今，一个煤油炉、一台破旧的手摇缝纫机等物品摆放在毛泽民故居纪念馆的陈列柜里，向人们倾诉长期管财政工作的毛泽民始终两袖清风的故事。煤油炉和手摇缝纫机是革命历史时期必不可少的生活用品，在岁月的沉淀中呈现出弥足珍贵的价值，见证了革命先烈前赴后继的大无畏精神，见证了新疆民众拥戴人民军队的一片赤诚之心，承载着一段光荣而厚重的历史。

在乌鲁木齐市烈士陵园的《天山丰碑》主题展览中，一件件展品、一段段翔实的文字介绍、一幕幕历史画卷，足以震撼人心。中国共产党领导新疆各族人民在革命、建设和改革的历程中发生的重要事件，以及各族英模人物的光辉事迹，让我们备受鼓舞。

多年后的今天，一位白发苍苍的老人依然记忆犹新："我们的战士啊，是最可爱的人！年轻的战士们从不拿咱们老百姓的一针一线，他们守纪律，浑身青春洋溢。老百姓也通过各种渠道和方法支援部队战士。"在这片热土上，军民鱼水情彰显了红色文化的深厚底蕴和强大生命力。

在中国工农红军西路军总支队纪念馆，每位参观者进门后都会沿着地上的铜铸标识,"走"一回红军西路军进疆路,感受"英雄路"的艰难险阻。走进展厅,一件件珍贵实物、一张张历史照片、一个个生动场景,呈现出革命时期伟大艰苦的奋斗历程:红军西路军在弹尽粮绝的情况下,仍不屈不挠、浴血奋战,最终抵达新疆;从甘肃到哈密星星峡,红军西路军一路艰难跋涉;在乌鲁木齐学习、练兵,热火朝天地开展统战工作……

革命先辈的故事可歌可泣,在新时代,我们依然可以从中汲取智慧和力量。天山丰碑屹立,每一位英雄人物都不应该被忘记。他们为新疆各族人民的解放事业贡献了不可磨灭的功绩,他们把宝贵的生命奉献给了中国人民壮丽的解放事业,他们将永远被铭记在新疆各族人民的心中。

一位英雄,就是一座丰碑,一面旗帜。我们要好好读书,沿着英烈们用鲜血开拓的英雄路,传承中华民族优良的红色基因,感悟革命精神伟力,强大自己的理想信念,为实现中华民族伟大复兴的中国梦而不懈奋斗。

作者简介

管仕红,新疆作家协会会员,哈密市作家协会副主席。

红色兵团耀天山

魏红花

"面对蜿蜒的界河,背靠亲爱的祖国,我们种地就是站岗,我们放牧就是巡逻……要知军垦战士想着什么?祖国富强就是我们的欢乐……"一首《军垦战士的心愿》道出了兵团军垦战士的心声。

皑皑天山,巍巍昆仑;茫茫戈壁,漫漫大漠。在祖国的西陲,有这样一支特殊的队伍:他们不拿军饷,不穿军装,永不换防。这支队伍,就是新疆生产建设兵团。1954年10月,党中央决定中国人民解放军驻疆部队10.5万官兵就地集体转业,成立新疆生产建设兵团,由此拉开了新中国屯垦戍边事业的序幕。

此后,兵团干部职工按照"不与民争利"的原则,以"不占群众一分田,戈壁滩上盖花园"的豪情壮志,在天山南北的戈壁荒漠和人烟稀少、环境恶劣的边境沿线开荒造田,一批又一批复员、转业军人和大、中专毕业生也从祖国四面八方陆续来到新疆生产建设兵团,加入这支新中国屯垦戍边大军。1956年,河南省5万多名青年满怀支援边疆的豪情来到新疆生产建设兵团;此后,河南省又有多批援疆建设大军落户建设兵团。河南人,成为新疆生产建设兵团的一支重要力量。在兵团拥有近350万人口、14个师的今天,河南人大约占20%。河南人民把激情燃烧的岁月挥洒在了兵团的大地上。

兵团成立近70年来,几代兵团人自觉扎根边疆,同新疆各族人民一起,把戈壁荒漠改造成生态绿洲,开创了教育、科技、文化、卫生等新疆现代化事业,建成了节水灌溉示范基地等规模化大农业,兴办了八一钢铁厂、七一棉纺厂

第十三师火箭农场新城雕塑

等大批企业,盖起了一座座新型城镇,切实当好生产队、工作队、战斗队、宣传队,孕育并不断发展了以"热爱祖国、无私奉献、艰苦创业、开拓进取"为主要内涵的兵团精神。正是靠着这种精神,兵团人修建了上万项水利工程。

在屯垦戍边的过程中,兵团人留下了许多可歌可泣的故事。一群老兵的故事、一只碗的故事、一面旗的故事……"十个一"经典军垦故事至今广为流传,每个故事都深深触动着人们的心灵。

"一双眼的故事"发生在兵团成立初期。当时条件非常艰苦,大家缺衣少吃,一天到晚都在从事体力劳动。战士们平均每天开荒都在12个小时以上,吃的却是白菜、萝卜,后来连这些菜也断了,就只能吃咸菜,咸菜断了以后就吃馍馍蘸盐水。吃了几个月之后,许多开荒造田的战士因极度缺乏营养而得了夜盲症。

军垦战士天不亮就起床干活，晚上很晚才能回来。得了夜盲症后晚上回来看不见路可怎么办呢？班长提议：一个班必须保住一双眼睛，把所有的菜给一个人吃，只要这双眼睛不得夜盲症，晚上就由这双眼睛带路，领着大家回地窝子。

大家你推我让，都希望保住其他同志的眼睛。班长一看就说："这样吧，谁岁数小就把所有的蔬菜给谁吃。"最后，一位年轻战士的眼睛保住了，他每天晚上带着大家回驻地。兵团人的无私奉献精神熠熠生辉，照亮了漆黑的夜空。

"一件军衣的故事"更令人动容。兵团第八师王德明老人一辈子没舍得将创业之初的军衣丢掉，这是他峥嵘岁月的纪念。他把军大衣捐献给了新疆兵团军垦博物馆，这件满载着风霜雨雪的军大衣被评为国家一级革命文物。上面缝满了296块各种颜色的补丁，另一件军衣的补丁也多达146块。王德明老人经常抚摸着浸透过汗水、血水和泪水的军衣泪眼模糊。这一片片补丁就是一枚枚军功章，述说着军垦人艰苦奋斗的精神。

解放初期，为了发展生产，保障供给，战士们自力更生、白手起家。他们自己动手把军服的双层衣领改为单层，四个口袋减为两个，一年节省一顶军帽，两套单衣节省出一套。衣服破了补了又补、缝了再缝，人人都穿着补丁摞补丁的旧军装。就这样，铢积寸累、聚沙成塔，八一钢铁厂、七一棉纺厂、乌拉泊水电站、六道湾煤矿等这些自治区最早的工业企业没有向国家要过一分钱，都是这样建起来的。兵团人的无私奉献，终结了新疆没有现代化工业的历史。

今天，新一代兵团人继承和弘扬前辈留下的精神财富，把兵团精神融入立足当代、面向未来的奋斗中。在豪情满怀的征程中，阿拉尔市、铁门关市、图木舒克市、石河子市、新星市、昆玉市等一座座年轻的城诞生了。崭新的城像一面面猎猎的旗,更像前进道路上的一座座灯塔,扮靓了瀚海荒原。

在兵团的这片厚土上,无数中原儿女把根深扎了下来,在苦难辉煌中留下了太多红色印记,这片火红绵延在天山之巅,闪耀着永恒的精神之光。

红色兵团耀天山

作者简介

魏红花,中国作家协会会员,中国作家协会第九届全委会委员。

"克一号井"
——为中国梦加油

许小立

1955年,新疆准噶尔盆地秋意阑珊。人们在期待,也在担心,"克拉玛依一号井"能否不负众望?而当一股高产油气流从"克一号井"喷发的那一瞬间,"克一号井"在我们石油开采史上书写了不平凡的华章,它让全国人民迎来新中国石油工业的曙光。如今,"克一号井"依然矗立在克拉玛依大油田,在其遗址上规划建设的景区,已成为全国重点文物保护单位、全国爱国主义教育基地和全国红色旅游经典景区。

克拉玛依地处准噶尔盆地西北部,是一片茫茫戈壁。而就是在这自然环境异常恶劣、生产资料缺乏、技术力量薄弱的条件下,来自全国各地的老一辈石油工人,拿出"安下心、扎下根、不出油、不死心"的信心和决心,在这不毛之地钻探出了"克一号井"。让我们跟随独山子矿务局钻井处王炳正的讲述,回到那个峥嵘岁月。

那是1955年,石油地质调查队到克拉玛依黑油山附近进行地质考察,

克拉玛依油田勘探开发纪念碑

并于同年3月测定此井位置。因它是克拉玛依含油区域的第一口井,故定名为"克一号井"。6月14日,独山子矿务局钻井处派遣由36名青年职工组成的1219钻井队到克拉玛依黑油山"克一号井"进行钻探工作。正式开工时,轰隆隆的钻机声划破寂静已久的戈壁,但重重困难也接踵而来。缺水是最大的问题,克拉玛依附近没有生活用水,吃水要从50公里外的小拐乡去拉,生产用水倒可以就近从"小西湖"拉,而"小西湖"的水是苦水。当时只有一辆拉水车,有时为了保生产顾不上去拉生活用水,工人们口渴难耐,便舀起一瓢苦水咕咚咕咚一口气喝下去,那苦涩的味道卡在嗓子眼儿里久久不能顺下去。就是在这样艰苦的环境中,没有人叫苦,没有人喊累,更没有人退缩。"国家太需要油了,要为祖国献石油",高高的井架顶端迎风飘扬的那面五星红旗,成为石油工人力量的源泉。

钻探过程中的意外总是猝不及防,一号井在钻到300多米时发生了井喷,泥浆水柱带着地层砂石打得井架啪啪作响。队长陆铭宝冒着被石子打伤的危险亲自跳上钻台操作刹把,把钻杆下到井内,又组织全队人员收集泥浆。一声号令,大家不约而同拿来脸盆、饭碗、缸子、铁桶盛泥浆。找不到容器,有人失急了,伸出双手去捧泥浆。大家七手八脚忙开了,不一会儿工夫就把泥浆收集好了。在将收集的泥浆打了进去后,大家总算制服了井喷。

经过3个多月的艰苦奋战,终于迎来了10月29日的试油,当埋藏于戈壁荒滩深处的黑色"琼浆"喷射向蓝天时,大家不约而同地欢呼雀跃,欢呼声响彻准噶尔盆地。

"克一号井"的出油,宣告了克拉玛依油田的诞生,它可是中华人民共和国成立后发现的第一个大油田。克拉玛依油田也就是新疆油田,其勘探开发单位是隶属于中国石油天然气集团有限公司的新疆油田公司。它的前身是1950年成立的中苏石油股份公司,1955年交中方独资经营。过去的荣光必然成就今天乃至未来

克拉玛依黑油山油田

的辉煌,"爱国奉献、艰苦奋斗、团结协作、开拓创新、改天换地"的老一辈石油工人的精神一直激励着新一代的石油工人,为实现中华民族的伟大复兴砥砺前行。全球最大砾岩油田玛湖油田的发现、高探1井喜获高产油气流……一个又一个的课题在突破,克拉玛依油田也在不断发展壮大。克拉玛依油田在几十年的发展中,为新疆地区经济发展作出贡献,对中原地区经济发展作出贡献,也为全国经济发展作出重大贡献。

作者简介

许小立,新疆作家协会会员,现就职于哈密市伊州区中国文学艺术界联合会。

焦裕禄的好学生：阿布列林

简单

一个星期天的下午，一幢在哈密再平常不过的院子里，阿布列林满头大汗地修整着凹凸不平的地面。突然，"呼呼呼——"一阵急促的声音传来。大门外，刚刚刑满释放的歹徒用斧子不停地砍着大门。阿布列林急忙将女儿推进里屋，反锁了屋门，急匆匆地跑到院门口，怒斥道："你要是敢进来，我就不客气了。"歹徒知道自己一旦跨进院门，无论阿布列林怎样做都算是正当防卫，便一个劲儿地激阿布列林出来。十几分钟后，警车呼啸而来，歹徒仓皇逃跑……阿布列林·阿不列孜是哈密市中级人民法院的退休法官，在工作中，他秉公执法；在生活中，他乐于助人。他时刻以焦裕禄精神鞭策自己，还时常告诫自己要像焦裕禄那样做一个品德高尚的人。

阿布列林的焦裕禄情结源于少年时期父亲经常给他讲的焦裕禄的故事，他甚至一口气读完了《县委书记的榜样——焦裕禄》这篇让他掉泪的长文，自此，焦裕禄"生也沙丘，死也沙丘"的动人事迹镌刻在了阿布列林的心上。1968年的河南兰考之行又一次震撼了他，也直接影响了他的一生。那时的阿布列林还未满17岁，当他推开焦裕禄家房门的那一刻，破落的房间和冰冷的室温让阿布列林不敢相信这是一个县委书记的家。当焦裕禄的老母亲得知这个孩子是从新疆专程赶来给儿子上坟时，一时间老泪纵横。在焦裕禄墓前，阿布列林和同学们用维吾尔语唱了《焦裕禄，毛主席的好学生》这首歌。临走前，阿布列林花了8角钱请摄影师拍了3张与焦裕禄家人的合影。回到新疆后，其中一张被装上相框的合影就始终摆放在家中最显眼的地方。

阿布列林（后排右一）与焦裕禄家人（前排左二为焦母）合影（1968年2月16日摄）

几十年来，从知青到工人，从检察官到法官，阿布列林在每一个人生阶段无不以焦裕禄为精神坐标，在焦裕禄精神的鼓舞下完善着自己的人生观和价值观。在从事司法工作的31年里，他办理过上千件案子，从未发生过一起错捕、错诉和错判。

对于阿布列林的表姐来说，阿布列林是个不近人情的表弟。有一年，她的儿子因涉嫌盗窃被拘留，表姐认为自己的表弟是检察官，自家孩子的事儿他岂能坐视不管？然而却真没能如她所愿，阿布列林耐心地给表姐做工作："'王子犯法，庶民同罪'，我不能以权谋私。"后来，孩子被依法判了刑，但时间久了，表姐慢慢理解了阿布列林的铁面无私。

对阿布列林的女儿来说,他是一个原则性很强的父亲。20世纪90年代的一个秋天,一个嫌疑人的母亲为了给儿子求情,带了些核桃等土特产来到阿布列林家。那个年代物资匮乏,核桃是普通人家的稀罕玩意儿,阿布列林不满4岁的女儿忍不住伸手拿了一个。这让阿布列林很生气,他一巴掌打了下去,教训女儿说:"一个核桃的便宜都要占,以后会犯大错。"无论什么时候,只要阿布列林想起这件事,都会懊悔不已,毕竟孩子是他的心头肉,但也不能违反了原则。

然而,对普通的老百姓来说,阿布列林是个慷慨而又热心的好检察官。闲暇时间,阿布列林经常去社区和农村义务普法。有一次,阿布列林在下乡时发现有一户人家比较特殊,90多岁的维吾尔族妈妈带着70岁的盲人儿子一起生活,过得异常艰辛。在了解老人家里的情况后,阿布列林每隔一段时间就带着各种生活用品来村里看望老人。后来,这也成了他的习惯。每当老人家的米面油即将吃完时,阿布列林就像能预感到似的,很快拿着大包小包出现在村口。这一坚持,就直到老人家离世。

阿布列林经常在闲聊时跟同事们讲这样一句话:"焦裕禄精神扎根在我的心坎上,不管在什么地方,不管做什么工作,我当一个螺丝钉,做好本职工作,不做对不起党和人民的事。"

2014年,阿布列林又一次踏上了开往河南的列车。让阿布列林备感荣幸的是,他被焦裕禄干部学院邀为特聘教授。在焦裕禄烈士陵园里,阿布列林像第一次来扫墓时那样,用维吾尔语唱起了《焦裕禄,毛主席的好学生》。同年11月,焦裕禄的女儿焦守云带着父亲的两尊铜像来到哈密,一尊赠给了市政府,另一尊赠予了阿布列林。经再三思量,阿布列林把这尊铜像转赠给自己的母校哈密市第一中学。不久,该所学校成立"焦裕禄精神薪火社",这个名字意为焦裕禄精神如薪火一般,正在哈密这座城市传递。

2016年2月8日,当阿布列林举起"感动中国"十大年度人物奖杯时,白岩松问他:"您一直希望成为焦裕禄的好学生,快50年了,今天,如果要是对着焦裕禄这个老师说,您这个学生当得怎么样?"阿布列林坚定回答道:"我今后的一生当中,(都要)继承和弘扬焦裕禄精神。"

阿布列林举起"感动中国"十大年度人物奖杯

如今,阿布列林的女儿也做了母亲,那张挂在屋内的与焦裕禄家人合影的珍贵照片,也成了她教育下一代的重要一课。只要有人问起阿布列林当年为什么要去兰考县和焦裕禄的家人合影,阿布列林总会笑着说:"去焦裕禄工作、生活过的地方看一看,成了我梦寐以求的愿望,就像库尔班大叔想见毛主席那样迫切。"

焦裕禄的好学生:阿布列林

作者简介

简单,原名李炜,文化学者,专栏作家,新疆作家协会理事,哈密市作家协会原主席。

第七章　富强的征程

产业夯实富强路

许小立

　　河南位于中原大地，哈密地处祖国西部边陲，2000多公里的空间跨度，却结出了深情厚意的果实。缘起于2010年新一轮对口援疆，河南省接棒援助哈密市和新疆生产建设兵团第十三师新星市。从此，中原儿女各方力量在东天山广袤的土地上会聚，他们用"汗水浇灌收获，以实干笃定前行"。因为，他们有着共同的使命——让边疆地区插上腾飞的翅膀。

　　产业兴经济兴，产业富群众富。从"十三五"援疆项目到"十四五"援疆项目，每个项目都倾注着援疆人的心血；从地方到兵团，大家真真切切地享受到援疆项目带来的实惠。河南技术人员带来了优质的羊肚菌种源和先进的栽培技术，助力新疆天山雪菇生物科技有限公司示范推广羊肚菌产业。十几个种植户30个大棚先行先试，冬春四个月每个大棚就净赚2.9万元。到了年底，种植规模扩大到100多个大棚，羊肚菌逐渐成了乡亲们口中的高频词。就业容量大的服装、地毯、布鞋等多个劳动密集型产业随着援疆项目来到新疆，吸引农村富余劳动力走进车间，一批新的产业工人悄然兴起。河南安绣文化产业集团有限公司就是这样的耕耘者，在哈密落户后开展刺绣订单生产，带动500多名农牧民"居家灵活就业"。

　　保障和改善民生，援疆资金不断向民生倾斜、向基层倾斜。河南省帮助受援地新建改建"两居工程"、二道沟水库、西黑沟望海水库等民生项目，有效解决了当地农业、产业发展所需水源和农牧民的饮水安全问题，极大改善了受援地的生产生活条件。柳树泉农场三连水库、哈密市图书馆、兵团十三师文体活动中心等一大批事关各族群众切身利益的民生工程看得见、摸得着。

既要授人以鱼，更要授人以渔；既要注重解决当前面临的民生问题，更要注重提升当地的长远发展能力。立足援受两地资源和产业特色，坚持"政府推动、市场主导、企业主体、互利共赢"原则，大力支持受援地产业加快发展。河南省工业和信息化厅积极协调对接郑州市经济技术开发区，探索"飞地园区"建设，推动河南产业集聚区"4+2"模式与第十三师新星市经济技术开发区、淖毛湖经济

新疆唱歌的果食品股份有限公司外景

技术开发区深度合作，支援建设产业援疆示范园。第十三师新星市产业援疆企业新疆瑞克沃新材料有限公司以新星市尾矿废渣为原料，生产具有自主知识产权的石油压裂支撑剂系列产品；项目一期目前已建成投产，带动120余人就业。为引导企业创新发展，助力企业做大做强，该公司"技术试验中心暨产学研一体化项目"被列入河南对口支援第十三师新星市"十四五"项目，获得600万元资金支持。新疆恒浩农业科技发展有限公司落户红星一场，年出栏30万头生猪，总投资3亿元。同时，河南充分利用人口大省的优势，每年组织疆电入豫320多亿千瓦时，将当地的能源优势转化为经济优势。投资1.85亿元的新疆唱歌的果食品股份有限公司的冻干果蔬项目，引得河南好想你枣业发展有限公司等一批河南籍农业深加

工企业入驻，年加工农副产品超过10000吨。

一分耕耘一分收获。河南省对口支援新疆工作前方指挥部喜获全国"旅游援疆工作突出贡献奖"，被自治区先后表彰为脱贫攻坚先进集体、脱贫攻坚组织创新奖。沉甸甸的奖章的背后，是援疆干部奉献新疆的情怀——一定要把好事办实，把实事办好。援疆干部们义无反顾、勇往向前，因为他们知道，援疆干部身后是对口援疆省市，而援受两地的背后是我们伟大的祖国。"一带一路"倡议和"西部大开发"战略为奋斗者创造机遇，前进的号角在吹响，河南援疆人将在这片热土谱写出更加出彩的绚丽篇章。

产业夯实富强路

作者简介

许小立，新疆作家协会会员，现就职于哈密市伊州区中国文学艺术界联合会。

科技之花遍地开

魏红花

一条丝路牵两地,黄河天山情谊长。近年来,随着援疆工作的扎实推进,一笔笔资金、一批批人才、一个个项目从中原大地深入新疆腹地。在天山南北的广袤土地上,科技兴疆的大美画卷铺陈开来,为新疆经济社会高质量发展插上了腾飞的翅膀。

"十三五"期间,围绕棉花、林果"两大基地"建设,河南省科技厅与新疆维吾尔自治区科技厅签署援助协议,集中实施了一批科技合作项目。依托河南省棉花科学研究所,组建了中亚棉花试验站;与塔里木大学开展深度合作,共建了我国首个棉花科学学院。中原科研人才倾注心力协助研发新疆棉花新品种,为新疆棉花生产在总产量、单位面积产量、种植面积、商品调拨量等方面连续多年位居

新疆棉花种植基地

全国第一作出了直接贡献。依托河南大学生物学"双一流"学科、国家重点实验室，河南省与哈密市在哈密瓜分子育种、植物抗逆等方面开展深度合作。300个品种、1500株良种哈密瓜在双方的试验基地海南落地萌芽。目前，该项目已完成哈密瓜瓜种生育期调查和DNA提取，为良种繁育起到了助推器的作用。这些成就凝结着援疆人的心血和汗水，彰显了不同凡响的科技智慧。

不断加大科技投入是科技援疆的又一笔浓墨重彩。河南理工大学和哈密职业技术学院合作共建的哈密豫新能源产业研究院于2016年开工建设。根据规划，到2025年，哈密市高新技术企业将达到30家。放眼新疆大地，到处都有科技援疆带来的新变化、新气象。

哈密市在河南援疆力量的推动下，已形成了"1+4+10"（1个科技企业孵化器，4家众创空间，10家星创天地）的孵化体系。哈密科技企业孵化器在孵企业35家，拥有国家发明专利13项，带动就业480多人。2021年，哈密市依托援疆企业优势，吸引7个领域的99家企业参加中国创新创业大赛（新疆赛区），14家企业入围新疆赛区决赛，2家企业入围全国总决赛，报名企业数、入围新疆赛区决赛企业数均居全疆第一，取得了创新、创业的崭新突破。郑州好想你、弗光太阳能、格威特污水净化、援疆林、郑州市花月季……在甜蜜之乡的哈密，"中原印记"比比皆是。

科技援疆的路上，有许多人和事感动着我们。从踏上哈密土地的那一刻起，河南援疆队队员们便将思念亲人的柔情深藏在心底，将热情奉献给了第二故乡。连续3次援疆，被授予2017"感动中原"十大年度人物、"最美新疆人之最美援疆干部"、"全国对口支援新疆先进个人"等称号的刘志怀，在9年的援疆时间里，始终坚守在教育第一线，创建了哈密第一所高等院校，建立了哈密第一个产业研究院，留下了一支带不走的优秀教师队伍。

曾获得"中国好人榜"敬业奉献候选人和河南省卫生健康系统先进工作者等

荣誉称号的刘锁超，55岁的他在母亲病故不到一周、身处重孝的情况下，作为援疆干部毅然地踏上了新疆的热土。在刘锁超的带领下，哈密市中心医院联合申报科研课题2项，获奖1项，开展地区级、院级继续教育项目学术交流活动十余场次，受众达3000人次，使哈密市的科教工作在两年内就有了突破性的进展。

"不是每一朵花都能盛开在雪山之上，雪莲做到了；不是每一棵树都能屹立在戈壁，胡杨做到了；不是每一个人都能来援疆，我们做到了！"在哈密这片热土上，援疆队队员们将中原儿女对边疆人民的情谊洒满天山脚下……科技援疆，援出了豫新两地的情深义重，援出了一篇篇爱和暖的华章。

作者简介

魏红花，中国作家协会会员，中国作家协会第九届全委会委员。

"组团式"援疆育英才

王涛

党的十八大以来,以习近平同志为核心的党中央始终心系新疆各族人民,提出要坚持从战略上审视和谋划新疆工作,推进新疆社会稳定和长治久安。举国上下不断加大对新疆维吾尔自治区和新疆生产建设兵团的支持力度,据统计,2014年至2019年,中央财政对新疆维吾尔自治区和新疆生产建设兵团"转移支付从2636.9亿元增长到4224.8亿元,年均增长10.4%,6年合计支持新疆2万多亿元。19个援疆省市全面加强全方位对口支援,累计投入援疆资金(含兵团)964亿元,实施援疆项目1万余个,引进援疆省市企业到位资金16840亿元"。其中,约80%的资金用于改善当地的民生工程,尤其是作为文化润疆工作的"筑基工程""民生工程""未来工程"的教育援疆工程。

校舍拔地起,校园美如画

在对口支援省市的支持下,一座座富有特色、环境优美的校园成了当地独特的风景线,一个个设施先进、整洁明亮的新教室是带孩子走向光明未来的乐园,充分展现了各援疆省市在教育事业上与新疆的教育工作者共同努力绘就美丽新蓝图的力度。就拿河南对口援助哈密市和新疆生产建设兵团第十三师新星市来说,10年来,河南倾力投入教育援疆资金12.33亿元,新建、扩建幼儿园34所、义务教育学校29所、高中4所、职业院校2所,新增校舍46万平方米;完成教育系统局域网、千兆光网校园、教育资源管理平台和直录播教室建设,在全疆率先实现中小学校园光纤接入全覆盖,给哈密市和第十三师新星市的教育带来了巨大变化。在哈密市，河南援疆资金全资兴建的哈密市豫哈实验学校，已成为哈密市西区的教育新地标。在第十三师新星市，新建的校舍美如画，新星市第一中学和

美丽的新校园

火箭农场第一学校的新校园，红星学校的援疆楼……这不由得让人经常感叹，援疆资金盖的新校园真漂亮！

初心印岁月，匠心育英才

为助力新疆维吾尔自治区和新疆生产建设兵团教育发展，国家一方面通过中组部"援疆干部人才"计划，选派一批批的优秀教育人才赶赴新疆；另外，通过"万人援疆"计划、"三支一扶"计划、大学生志愿服务西部计划等不同方式，加大选派援疆教师人才工作的力度。截至2022年12月，仅河南累计选派援疆教师2600余名，多种形式培训哈密市和第十三师新星市教师11000余人次。2020年以来，河南进一步加大援疆教师派遣力度。选派多名中原名师，组成多个"组团式"援疆团队，创新教师队伍培育方式，把三个中原名师工作室建在新星市；开展"双百计划"，通过培育200项优质教科研成果、建成200个优秀教师团队，为受援地培养了一大批教育教学骨干；精准提升职业教育，郑州大学、河南理工大学等

第七章 富强的征程

高校结对帮扶哈密职业技术学院，黄河水利职业技术学院、河南机电职业学院等10所优质高职院校结对共建兵团第十三师职业技术学校，打造全疆一流实用高技

丰富多彩的校园生活

能人才培养基地；完善教育基础设施，普及国语教育，缓解当地国语教师短缺问题。来到哈密市和第十三师新星市的老师们，留下了太多的教育佳话：实现哈密市国家自然科学基金项目零的突破的张伟宏，坚守红星高中讲台9年的王海森，是他们中的杰出代表。现在，在哈密市和第十三师新星市，来自中原的名师们成了许多家长求学时的首选。

尺素传真情　团结一家亲

10年来，河南与哈密市和第十三师新星市的交往、交融持续深化。河南省135所学校与哈密122所学校建立"一对一"或"多对一"的结对帮扶关系，豫哈两地6万余名青少年通过视频、书信、夏令营等多种形式共叙友情，成为好朋友。

2021年的正月十五，来自河南大别山革命老区新县一中和河南省第二实验中学的中原学子与来自第十三师新星市红星学校、红星一场学校的师生家长们欢聚线上，共度中华民族传统佳节——元宵节。猜谜语、赏花灯、说民俗、讲红色故事、

看家乡风光……一根网线，克服疫情影响，让两地的学生、家长和老师的心紧紧贴在一起。

这样的活动还有很多。"同课异构"远程课程、汉字英雄大赛、万人红色经典诵读、夏（冬）令营……一次次的交往、交流，将河南省与哈密市和第十三师新星市的孩子们融为一体，真正实现了民族团结一家亲。据统计，现在已有2500余名学生通过夏（冬）令营赴豫感受中原文化，欣赏黄河风光。很多孩子在参加这些活动后会忍不住说："我还想再到河南去！"

自对口援疆工作开展以来，河南省始终将教育援疆摆在重要位置，围绕"文化润疆"，立足人才援疆，对口援疆工作变过去的"零星"选派、"单兵"作战、"输血式"援疆为现在的组团选派、"集体"作战、"造血与输血并重"，越来越多来自中原腹地的才智加速会聚到哈密市和第十三师新星市，推动了当地教育高质量发展。

"组团式"援疆育英才

作者简介

王涛，正高级教师，河南省第二实验中学副校长，第十批河南援疆干部，现任新疆生产建设兵团第十三师新星市第一中学书记、校长。

新疆人的普通话

简单

许多人来到新疆，会发现一个很有趣的现象，在街头随意与少数民族同胞交谈时，无论是老人还是孩子，竟然毫无语言沟通障碍。人们很纳闷在地处边陲的新疆，普通话竟然如此受关注。欣喜之余还会思考，新疆少数民族同胞是如何做到流利掌握国家通用语言文字的？如此复杂的汉语普通话又是如何在新疆得到推广普及的？现在，所有居住在新疆的少数民族同胞都能清楚认识到在新疆推广国家通用语言文字的意义，如果让他们给你讲这些年学习普通话到底带来了什么改变，他们会告诉你："学会了普通话，我们的日子就越过越红火了。"

新疆大地自古以来就是东西方文化交流的大通道，是丝绸之路经济带的重要组成部分。随着中欧贸易量的加大，新疆成了"一带一路"倡议的核心枢纽。在这样的大背景下，本地人只精通自己的民族语言是远远不够的。语言不通就结交不到远方的朋友，语言不通就积累不到更多的财富，因此，当新疆本地少数民族同胞开始觉醒时，他们发现，作为一个中国人，不会使用国家通用语言文字其实是一件非常影响生活的事。

新疆地区流传有这样一个小故事。一个维吾尔族大爷被狗咬了，在医院里大夫问他："老人家，您怎么了？"大爷因为普通话讲不好，憋了半天才回答道："唉，就是那个汪汪汪地上跑的那个，在我腿上嘛，开饭啦。"虽然故事很幽默，但不会讲普通话带来的尴尬还是无法掩饰的。现在，越来越多的少数民族同胞开始学习普通话，人与人之间的交流越来越顺畅了。

近些年，新疆加大了国家通用语言文字的推广力度，制定了《民族中小学汉语课程标准（义务教育）》，以期培育和增强少数民族学生的中华民族共同体意识。早在 1984 年，新疆就提出加强少数民族中小学"双语"教学，在高中毕业生中实现"民汉兼通"的目标；2001 年新疆还出台了《自治区党委自治区人民政府关于基础教育改革与发展的决定》和《新疆维吾尔自治区教育事业发展"十五"计划》，明确了加强汉语教学，提高少数民族教学质量。如今，新疆少数民族中小学校不但增加了汉语教师的数量，还提高了汉语教学的质量，使得少数民族学生拓宽了视野。目前，少数民族学生已基本能掌握和使用国家通用语言文字。

在新疆，社会层面的"推普"工作同样红红火火。不仅有免费学习汉语的夜校，还有社区普通话培训班；如果不想出门，网课也是学习国家通用语言文字的一个重要途径；在少数民族聚集的农村，还活跃着很多推广普通话的志愿者。经过这么多年的推广，大多数新疆少数民族同胞不仅可以与汉族人正常交流，有的甚至还能吟诗作对，就连演讲和辩论都丝毫不输汉族人。

在依法有效保护新疆语言文字的多样性的前提下，新疆每年开展全国推广普通话宣传周活动，迄今为止已举办过 24 届。每届宣传周都会走进新疆的大、中、小学校园，在各族学生之间开展多种主题活动，有的学生用原创的诗词歌赋来展现中国传统文化的精华，有的少数民族学生被书法自身魅力吸引而成了"粉丝"，有的少数民族学生还加入了京剧社团。宣传周活动期间，许多学校积极推进中华经典诵读工程，让朗诵成为推广普通话的媒介。为让全体师生了解国家语言文字政策，提高规范使用普通话的水平，喀什大学还向全体师生发出了"说普通话，写规范字"的倡议书。2021 年，教育部确定 62 所大学为第二批国家语言文字推广基地，喀什大学就是名单中新疆五所大学之一。

对于普通话在新疆的推广，乌鲁木齐的买买提江可以说是受益匪浅。20 年前，他在南疆小县城开了一家小小的新疆特色干果店，每天的生意只能勉强维持生计。由于不会说国家通用语言，他与很多进到店里的顾客都无法交流，买买提江很苦恼。后来，他报了社区开办的普通话培训班。学会了普通话后，他试着在某个网络平台开了直播，可以和全国各地的网友无障碍交流，生意就这样慢慢好了起来。几年后，他还在乌鲁木齐买了房和车。现在每当有亲戚向他取经时，他都会自豪地告诉亲戚们："一定要好好学习普通话，没有语言能力就没有资本去赚更多的钱，也没有办法把美丽家乡介绍给更远的朋友。"

近年来，河南省第十批援疆许昌工作队以网络直播的形式与巴里坤县少数民族教师结对帮扶推广普通话。在开班的第一课上，河南省首届"河南最美教师"赵秀红是最大的亮点，她不但为大家以"春"为主题进行诗歌朗诵，还以古诗《春晓》为例，逐句讲解标准汉语发音和五言律诗节奏。在授课结束前，赵秀红老师还带领大家一起跳起了由《春晓》改编而成的舞蹈。生动的授课方式不仅让巴里坤的少数民族教师有了学好普通话的决心，还让老师们感受到了河南援疆教师教学方式的不拘一格。

习近平总书记指出："语言相通是人与人相通的重要环节。语言不通就难以沟通，不沟通就难以达成理解，就难以形成认同。"在新疆推进国家通用语言文字普及意义重大，不仅为各族百姓脱贫致富提供了帮助，还为新疆的长久发展提供了坚实的保障。在新疆普及普通话，能提升新疆各族人民的中华民族共同体意识，并将这个意识逐渐植根于新疆各族人民的血脉之中。

作者简介

简单，原名李炜，文化学者，专栏作家，新疆作家协会理事，哈密市作家协会原主席。

西气东输，富了新疆，绿了东方

管仕红

2000年2月14日，国务院批准启动西气东输工程，这是仅次于长江三峡工程的又一个重大投资项目，是拉开了"西部大开发"序幕的标志性建筑工程。

2002年7月4日，西气东输工程全线开工。2004年10月1日，由中国石油承建的西气东输一线工程全线投产。2004年12月30日，西气东输一线工程全线正式运营。

截至目前，西气东输项目管道是我国自行设计、建设的第一条世界级长距离、大口径、高压力输气管道，全线采用自动化控制。西气东输一线工程自新疆轮台县塔里木轮南油田始，向东经过库尔勒市、吐鲁番市、鄯善县、哈密市、柳园镇、酒泉市、张掖市、武威市、兰州市、定西市、宝鸡市、西安市、洛阳市、平顶山市、信阳市、合肥市、南京市、常州市、上海市等地区。整个项目长达4200千米，供气范围东西横贯新疆、甘肃、宁夏、陕西、山西、河南、安徽、江苏及上海等多个地区。在施工的过程中困难重重，施工要求高、难度大，建设者要面对严寒酷暑、高原反应等多种严峻考验，管道穿越戈壁、荒漠、高原、山区、平原等各种地形、地貌时会遇到一个个"拦路虎"。西气东输工程克服了一个个困难，解决了很多难题。

西气东输工程建设让新疆各族人民尝到了甜头，新疆能源结构得到了优化，当地生态环境得到了改善，经济也得到了长足发展。塔里木油田先后投资10亿元，加快盆地中小气田开发，当地老百姓用气享受到了全国最低价。2004年底，和田河气田建成，和田市供气得到了保障。现在，塔克拉玛干沙漠周边的和田市、墨玉县等地全部用上了优质天然气，当地生态环境越来越好。南疆多个地区干旱少雨，以前，居民生态环境保护意识薄弱，烧火做饭用的是红柳、胡杨树枝，乱砍滥伐导致脆弱的生态环境进一步恶化。现在，随着天然气入户，居民生态环境保护意识增强，"绿水青山就是金山银山"。过去，不少偏远地区不通公路，老百姓出行非常困难，如今西气东输的建设带来了交通便利，一条条平坦宽阔的公路让老百姓的出行方便快捷。

新疆以油气为龙头的石化工业蓬勃发展。库尔勒市、库车市、泽普县等地发生了翻天覆地的变化，贫困县变成了富裕县。新疆各族人民感受最深的还有就业机会多了，工作好找了。

西气东输工程，把西部新疆等地丰富的天然气输往能源紧缺的上海等东部地区。截至2021年底，国家管网西气东输向河南省输气量累计突破700亿立方米，

西气东输工程

冬季保供期间日供气量达到3200万立方米，充分保障了工业和民生用气。2021年12月30日，西气东输管道系统年输气量累计突破1000亿立方米，标志着我国能源结构的优化升级进一步提速。据悉，西气东输工程已成为世界上规模最大的天然气管道系统之一，我国形成横跨东西、纵贯南北、联通海外的天然气新格局。

千家万户用上了天然气，老百姓烧煤、烧柴和换煤气罐的日子一去不复返。仅以一、二线工程每年输送的天然气量计算，我们就可以少烧燃煤1200万吨，减少排放二氧化碳2亿吨，减少排放二氧化硫226万吨。环境质量改善显著，有效治理大气污染。这一工程的实施，调整了我国能源结构和产业结构，促进了东部、中部、西部地区经济的共同发展，提高了人民生活质量。西气东输工程将西部地区的资源优势变为经济优势，对加快新疆优势资源的开发、促进新疆经济发展、保持新疆政治和社会稳定意义深远。

西气东输工程为铸牢中华民族共同体意识提供有力的经济支撑，是造福新疆各族人民的能源大动脉，是党中央、国务院对新疆各族人民的关怀，更是中华各民族实现共同富裕、共享繁荣发展的一个大工程。千里气龙越神州，西气东输，富了新疆，绿了东方！

作者简介

管仕红，新疆作家协会会员，哈密市作家协会副主席。

健康中国　携手同行
——河南省医疗援疆纪事

朱锦慧

一台台高难度的手术、一支支下乡服务各族群众的医疗队伍、一次次将病人从死神手中救回……河南人民不畏艰辛、跨越千里，前来支持新疆医疗健康事业。12年来，通过河南省的持续支援，哈密市、第十三师新星市等地受援医院医疗服务和管理水平整体提升，各族群众在家门口就能享受到和河南省人民一样的就医条件。

医疗专家有需必派

有计划地选派医疗专家赴新疆开展医疗服务，是最实惠的援疆举措。2010年以来，河南省累计派出由2531名医疗专家组成的36支医疗队来到哈密市和第十三师新星市，为受援医院填补技术空白206项。

白内障是常见的多发病症。来自驻马店的援疆医师田磊，被选派到哈密市中心医院眼科工作。2022年5月17日，他与眼科主任张宗生联手为101岁的巴里坤赵大爷做了手术。几天后，赵大爷的视力显著恢复。这是哈密市中心医院实施的一例患者年龄最大的白内障手术。

"河南援疆医生，是孩子的救命恩人，是我们全家的恩人！"提起河南省人民医院新生儿重症监护室主任医师、十三师红星医院儿科主任孙健伟救治女儿沐沐（化名）的故事，沐沐妈妈眼含热泪。近年来，由孙健伟指导并开展的新生儿脐静脉置管术等技术填补了第十三师新星市多项新生儿医疗技术空白。他还参与

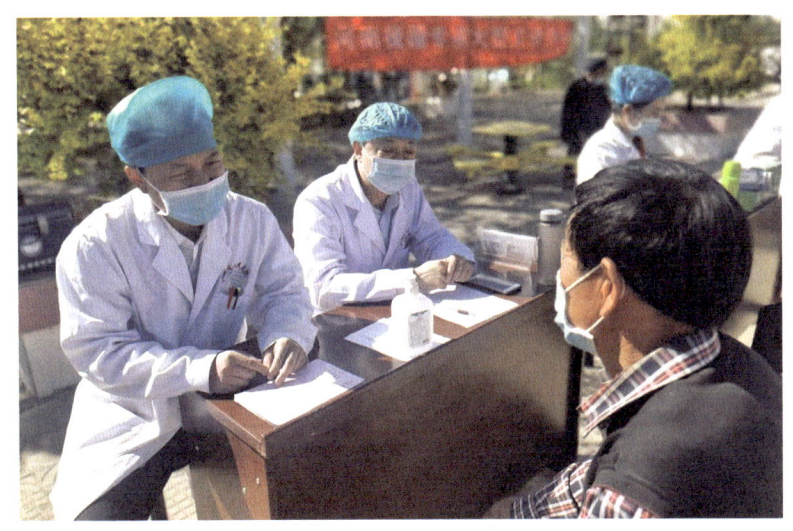

河南援疆医生的义诊活动

申报、创建了"急危重孕妇及新生儿救治中心"。这些都为成功救治像沐沐一样的危重新生儿提供了技术保障。

早在2018年，河南省援疆医疗队就在哈密市和第十三师新星市实现了县、区、团场级以上医疗机构对口支援全覆盖、贫困村义诊活动全覆盖等"五个全覆盖"。2010年以来，河南省援疆医疗队深入农牧区、边远团场连队开展义诊活动，为偏远地区的患者送医送药。

硬件软件齐头并进

宽敞明亮的实验室，现代化的医疗设备，穿着手术服、护士服的医护人员有序地忙碌着……近年来，在河南省援疆医疗队的帮助下，哈密市及第十三师新星市的医院发生了显著的变化。

"我们的中医综合楼、中原病房楼都是在援疆资金的帮扶下建起来的。"第十三师红星医院党委副书记、院长安占天说。"十三五"时期，河南省投入2.46亿余元资金帮助第十三师新星市完善医疗卫生基础设施；"十四五"期间，河南省计划投入1.05亿元，实施火箭医院张仲景中医文化康复中心、第十三师新星市红星医共体黄田住院医师规范化培训基地和卫生监督检测中心综合楼等项目建设，持续发力完善受援地医疗卫生基础设施。

帮助哈密市建成一所肿瘤专科医院，是河南省医疗援疆的一大功绩。目前，"哈密市肿瘤医院"在新疆赫赫有名。曾经，哈密市肿瘤防治事业几乎一片空白，患者要辗转前往外地就医。从2010年开始，河南省援疆医疗队以哈密市第二人民医院为基础，对当地肿瘤防治事业进行持续帮扶。2014年，由第7批援疆医疗专家、时任哈密市第二人民医院副院长的张景伟牵头，依托河南省医疗机构肿瘤专科优势，援疆医疗专家团队提出了建设哈密市肿瘤医院的规划，得到河南省对口支援新疆工作前方指挥部和哈密市委、市政府的大力支持。2015年3月30日，哈密市肿瘤医院在哈密市第二人民医院正式落成。2020年，河南省肿瘤医院张鹏率队援疆，任哈密市肿瘤医院院长，他带领的医疗队为肿瘤患者的诊疗提供了有力的技术支持。

除了完善硬件建设，结对共建等软件机制也日益成熟。2022年6月28日，河南省人民医院跨省医联体医院揭牌签约仪式举行。至此，红星医院正式成为河南省人民医院跨省医联体医院。这也是河南省深化医疗援疆的一项重要举措。河南省人民医院还与第十三师新星市签署战略合作协议，建立"中原学者"领衔的"河南十大名医工作室"，为当地各族群众的健康提供更有力的保障。

"输血"与"造血"并重

对医疗援疆来说，"输血"，就是源源不断地向受援地派出医疗专家；"造血"，就是多措并举为受援地培养医疗人才。河南坚持双轮驱动、两措并举，有效提升了当地医疗技术服务水平。

拜师学艺，这一个古老的教育方法在医疗援疆中被普遍运用，并被赋予新的内涵。2021年12月23日，哈密市肿瘤医院隆重举行了17名青年医生向援疆专家的拜师仪式。目前，河南援疆医疗专家已在哈密市带徒3000余人。除了带徒授艺，每名哈密市及第十三师新星市的援疆医疗专家都有设坛讲课的任务。目前，已有1200名医疗专家在哈密市讲课9000余次，听课学员达5万余人次。

把青年医务工作者集体送到河南培训，是医疗援疆的又一项"造血"举措。2010年至今，哈密市及第十三师新星市多次组织、选派青年医务工作者前往河南省各大医院学习。2022年5月1日，第十三师新星市选派32名医技人员赴河南省人民医院进修学习。河南省通过"输血"和"造血"的良性循环，充分激发了哈密市及第十三师新星市医务工作者的内生动力，中青年医疗人员技术水平显著提高，成为医院的中坚力量。

一批批来自中原大地的援疆医生，身穿白衣，肩负重任，用赤诚之心为各族群众的健康护航。天山不会忘记，人民不会忘记。

作者简介

朱锦慧，从事媒体行业18年，哈密市作家协会会员。